青少年了解中国历史的500个游戏

邢建国 编著

哈尔滨出版社
HARBIN PUBLISHING HOUSE

图书在版编目（CIP）数据

青少年了解中国历史的500个游戏 / 邢建国编著. —
哈尔滨：哈尔滨出版社，2016.7
（思维游戏）
ISBN 978-7-5484-2120-7

Ⅰ. ①青… Ⅱ. ①邢… Ⅲ. ①中国历史-青少年读物
Ⅳ. ①K209

中国版本图书馆 CIP 数据核字（2015）第 105006 号

书　　名：青少年了解中国历史的 500 个游戏

作　　者：邢建国　编著
责任编辑：尹　君　马丽颖
责任审校：李　战
装帧设计：Amber Design 琥珀视觉

出版发行：哈尔滨出版社（Harbin Publishing House）
社　　址：哈尔滨市松北区世坤路 738 号 9 号楼　　邮编：150028
经　　销：全国新华书店
印　　刷：辽宁星海彩色印刷有限公司
网　　址：www.hrbcbs.com　www.mifengniao.com
E－mail：hrbcbs@yeah.net
编辑版权热线：（0451）87900271　87900272
销售热线：（0451）87900202　87900203
邮购热线：4006900345　（0451）87900345　87900256

开　　本：787mm × 1092mm　1/16　印张：16　字数：230 千字
版　　次：2016 年 7 月第 1 版
印　　次：2016 年 7 月第 1 次印刷
书　　号：ISBN 978-7-5484-2120-7
定　　价：29.80 元

前言

中国上下五千年的历史有多辉煌，又有多沉痛，自然不用多说，但是作为一个中国人，依旧应该感到自豪，因为正是那些辉煌和沉痛造就了我们中华民族。可以说，没有那几千年的积累和沉淀，就不可能有这样强大的民族。历史并没有结束，它依然在继续，而创造历史的正是我们，了解过去的历史，创造崭新的历史，也正是我们要做和已经在做的事，不是吗？那么，我不禁要问：

辉煌是什么，辉煌的历史是什么，辉煌的中国历史是什么？

沉痛是哪样，沉痛的历史是哪样，沉痛的中国历史是哪样？

这些问题，是值得深思的问题，是值得深入研究的问题，更是严肃的问题。但在本书中，对于以上这些问题完全没有涉及，也完全没有解答。请注意，这不是一本历史教科书，这更不是一本史书，科普历史知识完全不是这本书存在的意义。这是一本关于历史的游戏书，这本书里存在的一切都是游戏，但是这些游戏又都是真实的。

在中国的历史上都有过一些什么样的奇才，什么样的成就，什么样的奇葩，什么样的“杯具”，什么样的“洗具”，或者一些大家习以为常的“错误”？这才是本书中所精研的问题，此外，本书中还有一些千奇百怪的故事以及一些“钩心斗角”的兵法，以及一些历史常识速答，这就得看看你的历史知识有多丰富了。

举几个例子吧，你能想象到中国历史上竟然有被饿死的皇帝吗？能想象到有掉进粪坑里死掉的君主吗？能想象到影视剧中提到的某人某事，在真实的历史中是什么样子的吗？还有造纸术真的是蔡伦发明的吗？

突然又想起一件事，请原谅我的记性不大好，忘记了本书中还有一些谜语游戏，在历史常识和发散思维的碰撞中，看看你能猜出来多少，答对有奖哦！

至于奖励嘛，你可以拿这本书里的任何一道题，找到你的一个小伙伴，然后对这个小伙伴秀出来，或者在朋友聚会的时候，可以找一道题当成笑话讲，活跃一下气氛。想象一下，在这一瞬间，你就多了那么多的笑话出来，还都是别人没听过的。哎呀呀，这个奖励是不是很不错呢？

等等，我是不是又忘了什么？难道我是穿越来的吗，不然怎么会一直忘记点什么呢，到底哪里不对？哦，天啊，原来我身边真的有好多人也都有过穿越的经历，可是当他们跟我讲述他们的经历的时候，为什么我总是感觉到有什么地方不对呢？可是，到底哪里不对呢？对于这个问题，作为本书作者的我现在是摆着优雅的站姿，带着优雅的笑容，眯着优雅的小眼睛，端着优雅的剪刀手，在那优雅的微风中凌乱了……

你也凌乱了吗？那么，就请读者朋友们带着凌乱的心情，读完这本奇葩的《青少年了解中国历史的500个游戏》吧，会有意想不到的收货啊！

01

目录

CONTENTS

02

目录

CONTENTS

01 第一章

CHAPTER

华夏“奇才队”的队员们

历史上的他，也许是术业专攻受万世传颂的名家大师，但却未必出身于本专业；历史上的他，也许是某个领域里的奇才，却被世人所忽略而显得默默无名；历史上的他，也许看起来庸碌无为或者不学无术，可在某些方面却取得了鲜为人知的成就……

总之，在有着五千余年历史的华夏大地上，从来不缺乏人才，更不缺乏奇才，偏才、怪才更是层出不穷，那么他们都是谁，又有什么样的成就？根据提示来猜猜看你知道多少，敢挑战一下吗？

1. 这是哪位木匠界的历史名家

（1）他是春秋末期、战国初期的名人。

（2）他常自称“鄙人”，被人称为“布衣之士”。

（3）他是个很有才华的木匠，善于防守城池，尤其是他制作的守城器械手段十分高明，堪称木匠界的精英人物。

（4）他是位机械制造专家，曾研制出一种能飞的木鸟（风筝），还在一天之内造出了载重30石的车子。

（5）他提出宇宙是一个连续的整体，个体或局部都是由这个统一的整体分出来的，都是这个统一整体的组成部分。

（6）他在数学和物理方面做出了卓越的贡献。例如在数学方面他给出了正方形的定义和三点共线即为直线的定义；在物理方面他首先做出了小孔成像的试验，证明了光沿直线传播的现象等等。

（7）他还是位哲学家，他所提出的哲学思想是中国古文化完整版的辩证唯物主义及辩证唯物论。

（8）他创立了自己的学派，先后提出了“兼爱”和“非攻”等思想，主张爱好和平，反对战争。

这位历史名家是谁呢？

A. 朱由校　　B. 鲁班　　C. 马钧　　D. 墨子

2. 这是哪位发明巨匠

（1）他是三国时期的发明家。

（2）他曾说可以制造出一种可以连续发射五十支箭矢的弩。

（3）在民用方面，他设计发明了一种能够使水逆流而上的机械设备，叫作翻水车，是对我国古代灌溉工具的重大革新。

（4）在军用方面，他再次发明了失传已久的指南车。以及设计出了一种史无前例的攻城利器“旋风炮”，用现在的话说就是“离心式抛石器”。

（5）他是一个被忽略的天才，因为当时魏国的掌权领导们既不重视科技发明，也不支持他的科学实验，才使得他不能够完全发挥出自己的才能，以至默默无名，现如今很少有人能够想起他。

你是在第几个提示的时候猜出他是谁的呢？

A. 诸葛亮　　B. 贾逵　　C. 马钧　　D. 刘晔

3. 刺客联盟

刺客在世人眼里是一个神秘的职业，他危险，神秘，杀人于无形，使敌对势力防不胜防。而且，中国的历史上也从不缺少刺客，尤其是在战国时期，那么在下面几个叙述中，其所描述的分别是战国时期的哪位刺客呢？

（1）此人在执行任务之前和某音乐家一起在易水边开演唱会，并且与他同去的还有一个名叫秦舞阳的猪一样的队友，而任务却以失败告终。这个人是（　　）

（2）此人是吴国的一个以烹饪水产品而闻名于世的厨子，尤其善于烤鱼，执行任务时与目标同归于尽。这个人是（　　）

（3）此人原是吴国的一位渔夫，长得很丑陋，为了完成任务不惜自残身体，砍断自己的右臂，并且还搭上了自己媳妇的性命，完成了史上最强的苦肉计，任务成功后自刎于雇主面前。这个人是（　　）

（4）此人是春秋战国时期的晋国人，为了成功刺杀目标，他将漆涂在身上，使皮肤肿烂，剃掉胡子眉毛，同时吞吃炭块，使嗓子变哑，使人认不出他的本来面目，堪称自虐狂。虽然付出如此代价，但刺杀最终却以失败告终。这位自虐狂人是（　　）

A. 要离　　B. 荆轲　　C. 豫让　　D. 专诸

4. 明朝时期的“格林机关枪”发明者

明朝是中国历史上火器极为发达的一个朝代，其军队的火器装备率居全世界之首，独步当时。虽说当时明朝的火器大多是仿制其他各国的火器而来的，算不上领先世界，但由于朝廷十分重视火器的发展，所以那时明军的火器也出现了不少创新，其火器之精良足以震惊世界。

其中有一种火器叫作迅雷铳，是明朝一位火器发明家参考了土耳其的类似火器之后，发明的一种单兵多管火器，即多管火绳枪。铳的主体由五个铳管构成，每发一枪后转动72度发射另一管，就好像只能旋转一周的格林机关枪。待五个铳管全部发射完毕后，铳身前端还可发射火球焚烧敌兵。此外，铳管上还配有圆牌做护盾用，射击时支撑铳身的斧子也可在射完后用来防卫。迅雷铳的体积相对小巧，十分易于携带，明军经常列队跪射，火力没有间断，堪称战场上的一大杀器。配备了迅雷铳的明朝军队，是当时朝鲜、日本的火枪队无法比拟的。此外，这位火器发明专家还著有《神器谱》、《续神器谱》、《神器谱或问》。

那么你知道这位火器发明家是谁吗？

5. 造塔“鲁班”

说起鲁班，大家都知道，他是中国历史上伟大的工匠，也是一位伟大的发明家。两千多年以来，鲁班的名字以及与他相关的故事，一直在广大人民群众中流传。我国后世的土木工匠们都尊称他为祖师。

到了中国的五代末年、北宋初年出现了一位杰出的建筑师。他生于杭州，是一位出身卑微的建筑工匠，但经过长期的刻苦钻研，终于在木结构建造技术方面有所突破，尤其在建筑多层的宝塔和楼阁上取得了巨大成就。由他所设计的北宋国都汴梁（今河南省开封市）安远门内开宝寺中的灵感塔，是他最杰出的建筑作品。此外，他还撰写了一部建筑专著《木经》，共三卷。他有造塔鲁班之称。那么你知道这位被称为“造塔鲁班”的木结构建筑大师叫什么名字吗？

6. 穿越之我是谁

某男在一次课外活动时遭遇地震，于是怀着无比郁闷的心情穿越了。此时某男还不明情况，但觉得自己上知天文下晓地理，数学、机械无一不通，无论什么情况都能应付。结果定睛一看手中摆弄的事物：一筒状物上有八只龙首，下面还对应着八只蟾蜍，某男一愣，莫非这是传说中的地动仪！那么边上那个多个同心圆环组合成圆球形的机械是什么，我又是谁？

7. 赵州桥的生身之父

坐落在河北省赵县洨河上的赵州桥，始建于隋朝开皇大业年间（公元581年—618年），距今已有约1400年的历史，是当今世界上现存最早、保存最完好的大跨度单孔敞肩坦弧石拱桥。而有资料表明，欧洲建成类似的石拱桥要比赵州桥晚了大约700年。

那么，这座赵州桥是由哪位匠师设计和建造的呢？

8. 猜猜他是谁

下面这段描述，说的是哪位历史名家？

（1）他是魏晋时期的一位伟大的数学家，著有《九章算术注》和《海岛算经》，这都是我国最宝贵的数学遗产。

（2）他是世界上最早提出十进小数概念的人，正确地提出了正负数的概念及其加减运算的规则，同时又提出了不定方程问题，建立了等差级数前几项和公式。

（3）他还提出了“割圆术”，而他在割圆术中所提出的“割之弥细，所失弥少，割之又割以至于不可割，则与圆周合体而无所失矣”，被视为中国古代极限观念的佳作，并用“割圆术”求出圆周率π为3.14。

A. 祖冲之　B. 刘徽　C. 贾宪　D. 杨辉

9. 北宋的“百科全书”

这是一位号称“百科全书”型的人才，是一位伟大的学者，是我国历史上最卓越的科学家之一。他生于北宋时期，不仅精通天文、气象学、地理学、地质学、数学、物理学、化学、农学和医学，还是一位卓越的工程师、出色的外交家。他在科学方面的主要成就有：

（1）发明了“石油”一词，并预言“此物后必大行于世”。

（2）在他的某部著作中记录了“胆水炼铜”的方法，这也是中国历史上关于“胆水炼铜”最早的记载。“胆水”就是硫酸铜溶液，将“胆水”放在铁锅中煎熬，就生成了“胆矾”。“胆矾”也就是我们化学中所说的硫酸铜，硫酸铜在铁锅中煎熬，与铁产生了化学反应，就析出了铜。

（3）他使用“飞鸟图”（即仿鸟飞直线所绘制的地图）绘制了“大宋天下郡守图”，使得北宋的地图越来越精确。

（4）他考察了黄河三角洲，并提出三角洲是黄河泥沙堆积而成的，还考察了浙江的雁荡山，并提出雁荡山的凌空巨石是经过了雨水千百年冲刷的结果，这些见解即使是用今天的眼光来检验也是正确的。他提出广种树木、保护树木以涵养水分的观点，也完全符合当代保护环境的理念。

（5）他还修正了历法，并简化结构复杂的浑天仪等测天仪器，又制造了测日影的圭表，而且改进了测影方法。《浑仪议》、《浮漏议》和《景表议》等三篇论文中介绍了他的研究成果，详细说明改革仪器的原理，阐发了自己的天文学见解，这在我国天文学史上具有重要的作用。

（6）他最著名的一部百科全书型著作叫《梦溪笔谈》。

你知道这是哪位“百科全书”型的科学巨匠吗？

10. 悲剧的医生

这是一位医术精良的医生，堪称当世第一。他医术全面，尤其擅长外科，精于手术，被后人称为“外科圣手”、“外科鼻祖”。也正是因为他长于外科，所以在长期实践钻研中，发明了麻沸散。后来这位医生因得罪当时的某丞相，以致入狱并被拷问致死。他临死前，拿出一卷医书给狱吏，说：“这书可以用来救活人。”狱吏害怕触犯法律不敢接受，他也不勉强，取火把书烧掉了。

你能猜得出，这是中国历史上哪位悲剧的奇才医生吗？

11. 史上第一水力鼓风机

东汉时期，有一位十分有才能的发明家，他名叫杜诗，在当时曾官拜成皋县令、沛郡都尉、汝南都尉等，且以公平著称。在他升任南阳太守之后，勤政爱民，又设计制作水排，以便于铸造农具，便利百姓。水排即是水力鼓风机，其以水为动力，通过传动机械，使皮制鼓风囊连续开合，将空气送入冶铁炉，铸造农具，用力少而见效多，是世界上最早的水力鼓风机。那么你知道这种水力鼓风机在中国出现的时间要比欧洲早多久吗？

A. 1100年　　B. 700年　　C. 1200年　　D. 800年

12. 这是中国的哪位数学家

（1）他是一位南宋时期的数学家，与李冶、杨辉、朱世杰并称宋元数学四大家。

（2）他精研星象、音律、算术、诗词、弓剑、营造之学，于1247年完成了他这一生唯一的著作，在这部书中提到了大衍总数术，即一次同余方程组问题的解法，也就是现在所称的中国剩余定理、三斜求积术。

（3）他还发明了一种以其名字命名的算法，即高次方程正根的数值求法，是有世界意义的重要贡献，表述一种求解一元高次多项式方程的数值解的算法，即正负开方术，也就是开高次方和解高次方程，领先英国霍纳（1819年）五百余年。

（4）他所编写的这部著作名叫《数书九章》。

现在，你能告诉我，这位伟大的中国数学家是谁吗？

A. 秦九章　　B. 秦九绍　　C. 秦九韶　　D. 秦韶

13. 一个不安分的和尚

（1）他是一个半路出家的得道高僧，通晓儒、道、佛诸家之学，且善于诗文。

（2）他是一个十分不安分，甚至可以说有点喜欢战争的和尚。

（3）他是“靖难之役”的主要策划者。

（4）他帮助朱棣夺得了皇位，授太子少师。

（5）他法名道衍，字斯道，自号逃虚子。

这个和尚是谁？

14. 一个聪明的和尚

唐朝是一个强盛的朝代，然而唐朝也和中国历史上的大多数朝代一样，并不是连续的。汉朝前后分西、东两汉，晋朝又分西晋与东晋，宋朝分两宋等等，唐朝由李渊建立，但在唐高宗以后，武则天以周代唐，建立武周。后皇太子李显发动神龙政变，重新夺取了政权。因此正统的唐朝也被称为李唐。而武周的建立者武则天，则成为了中国历史上唯一一个正统的女皇帝。关于武则天有一件趣事，相传武则天登基后，想给自己取一个名字，于是她就在城墙上张贴榜文，向天下文人征求最吉利的字作为自己的名字。而揭皇榜的人却是一个只会写自己法号的少林寺明空和尚。明空和尚既然揭了皇榜，便要给出一个让武则天满意的答案，否则就要人头落地，在砍头的重压之下，他灵机一动，为武则天创造了一个字，你能猜到这是哪个字吗？

15. 这都是哪个女人

在中国的历史上，出现过不少惊才绝艳的女子，请根据下面的一句叙述，选出与之相对应的女子。

（1）蛇蝎美人，宠冠后宫。（　　）

（2）回眸一笑百媚生，六宫粉黛无颜色。（　　）

（3）开元盛世时的唐宫第一舞人。（　　）

（4）中国历史上唯一一个正统的女皇帝。（　　）

（5）冲冠一怒为红颜，遂引清军入关来。（　　）

A. 武则天　　B. 公孙大娘　　C. 赵飞燕　　D. 陈圆圆　　E. 杨玉环

16. 儿科鼻祖

被后人尊为“儿科之圣”、“儿科鼻祖”的名医是（　　）

A. 华佗　　B. 钱乙　　C. 扁鹊　　D. 孙思邈

17. 《春秋》三传

与《穀梁传》、《公羊传》一起并称为《春秋》三传的《左传》是由下面的哪位历史名人撰写的？

A. 左丘明　B. 吕不韦　C. 左慈　D. 左宗棠

18. 商界奇才1

他是春秋战国时期的富商，以“奇货可居”闻名于世，积累起千金的家产。又下血本帮助在赵国作为人质的某国庶出孙子子楚，又献给他一个美女，并且经过多方斡旋，恭迎子楚的儿子政回国登基为王，还组织门客编写了号称“一字千金”的《吕氏春秋》。你知道这是哪位富商吗？

19. 商界奇才2

这是明朝初期江南的一位富可敌国的富商，可以说对于他的富有，就连当时的皇帝朱元璋都感到眼红。这位富商曾经出资修拓观前街，帮助朱元璋修筑了三分之一的南京城墙，且比皇家修筑的城墙提前三天完成。之后，他又向朱元璋提出，打算出资黄金百万两，用以代替皇帝犒赏三军。这终于让明太祖龙颜大怒。于是他被籍没家产，发配充军云南边陲。你知道这位富得让皇帝都眼红的商人是谁吗？

20. 商界奇才3

这是一位春秋末期的著名政治家、谋士和实业家。传说他曾帮助勾践兴越灭吴。待功成名就之后便归隐世间，泛舟五湖之上，遨游七十二峰之中。且在此期间三度经商成巨富，又三次散尽家财，自号陶朱公，为中国儒商之鼻祖。后世的商人们便将其尊为财神，还专门制作了他的雕像用来供奉。那么你知道这位财神大人是谁吗？

21. 名医们的著作

请将下面列出的各位名医与他们的作品对应在一起。

（1）钱　乙（　　）　　A.《千金要方》
（2）张仲景（　　）　　B.《洗冤集录》
（3）孙思邈（　　）　　C.《格致余论》
（4）宋　慈（　　）　　D.《伤寒杂病论》
（5）朱丹溪（　　）　　E.《小儿药证直诀》

22. 道教四大真人

道教，又称道家、黄老、老氏、玄门等等，是中国土生土长的固有宗教，至今已有近2000年的历史。道教是全世界唯一一个大力促进科技发展的宗教，也是全世界最为珍爱生命和尊重女性的宗教。鲁迅先生曾深刻指出“中国根柢全在道教”。而且在道教的传说中，有四大真人，其分别为南华真人、冲虚真人、通玄真人、洞灵真人。那么你知道这四大真人，都是谁吗？

（1）南华真人（　　）　　A. 文子
（2）冲虚真人（　　）　　B. 庄子
（3）通玄真人（　　）　　C. 亢仓子
（4）洞灵真人（　　）　　D. 列子

23. 道教四子真经

上面一题中粗略地介绍了一下中国的道教，道家文化对中国的影响极大，例如道教对中国的思维方式、学术思想、军事谋略、政治经济、科学技术、文学艺术、民风民俗、国民性格、伦理道德、民间信仰等方面都产生了深远的影响。且自古时候传下来的道家著作更是数不胜数，其中最著名的便是道家四大真人所著的四子真经了。那么你知道四子真经指的是哪四部道家经典吗？

24. 这是哪位天文学家

他是战国时代魏国的天文学、占星学家，著有《天文》一书。西汉后，人们尊称《天文》一书为《石氏星经》。书中标有121颗恒星的位置，还记有水、木、金、火、土五大行星的运行及交食等情况。他还编制了最早的恒星表。由于他对天文学研究所做出的杰出贡献，国际月面地名命名委员会便用他的名字命名了月球上的一座环形山。此山位于月球背面西北隅，离北极不远，月面坐标为东105°、北76°，面积350平方千米。

这是中国历史上的哪位天文学家呢？

25. 天文学与医药学的双料奇才

请根据提示猜出这是哪位科学巨匠？

（1）这是一位宋代的天文学家、药物学家。

（2）他晚年入阁拜相，以制作水运仪象台闻名于世。他还把水运仪象台的总体和各部件绘图加以说明，著成《新仪象法要》一书。书中绘制的关于天文仪器和机械传动的全图、分图、零件图共50多幅，绘制的机械零件有150多种，其中多为示意图和透视图，这是我国乃至世界上保存至今的最早最完整的机械图纸。

（3）他在《新仪象法要》中还绘制出了多种星图，如“浑象紫微垣星图”、“浑象东北方中外官星图”、“浑象北极星图”、“浑象南极星图”、“四时昏晓加临中星图”等，共计14幅。

（4）在药物学方面，嘉祐二年（1057年），他与掌禹锡、林亿等一起编写了《嘉祐补注神农本草》（简称《嘉祐本草》）。他还曾组织增补《开宝本草》，并著有《图经本草》（也称《本草图经》）一书，这对药物学考订有很大帮助。

26. 出身皇族的音律巨匠

请根据提示猜出这是哪位科学巨匠？

（1）他是中国历史上一位著名的律学家、数学家、历学家。

（2）他一生共著有《乐律全书》四十卷、《嘉量算经》三卷、《万年历》一卷、《万年历备考》二卷、《历学新说》二卷等，其中尤以《乐律全书》最为著名。

（3）他创制了十二平均律。此理论被广泛应用在世界各国的键盘乐器上，包括钢琴，因此他被誉为“钢琴理论的鼻祖”。有“律圣”之称。可以说，十二平均律是音乐学和音乐物理学的一大革命，也是世界科学史上的一大发明。

（4）他用横跨81档的特大算盘，进行开平方、开立方的计算，提出了“异径管说”，并以此为据，设计并制造出弦准和律管。这是他首创的利用珠算进行开平方。他还研究出了数列等式，在世界上最早解答了已知等比数列的首项、末项和项数的问题，解决了不同进位制的小数换算，其中某些演算方法一直沿用到今天。

（5）他出身于皇族，是明太祖朱元璋八世孙，明成祖朱棣的第七世孙，明仁宗朱高炽的第六代孙，明宗室郑恭王之子。

27. 中国第一台相机的缔造者

他是中国清代的物理学家，对天文学、数学、光学、地理学等都很有研究，是南粤五十六先贤之一。他于1844年独立制造了中国第一台照相机，比西方仅仅晚了4年。在这之后，他又将照相技术应用于地图绘制上面，并参与测绘出中国第一张有经纬线的中国地图，这也使他成为了中国现代地图绘制的先驱。在数学方面，他对代数、对数以及几何均都有很高的造诣，在abc、123传入中国之前，均用汉字和古文标示数学公式。他的运算思维其实相当科学，经验证，他的运算思维竟然和现代的电脑运算一致。

看了上面这段叙述，你能猜出来这是哪位科学家吗？

28. 中世纪世界最伟大的数学家

（1）这个伟大的数学家生于元朝，并享有“中世纪世界最伟大的数学家”的美誉。

（2）他在当时天元术的基础上发展出“四元术”，即列出四元高次多项式方程，以及消元求解的方法。这是线性方程组解法的重大发展，在西方，较有系统地研究多元方程组要等到16世纪。

（3）他的主要著作是《四元玉鉴》。其中，高阶等差级数求和与高次内插法也是《四元玉鉴》的重要内容。此外他还创造出“招差术”，即高次内插法，与“垛积法”，即高阶等差数列的求和方法。这要早于西方四百多年。

（4）他还是一位数学教育家。他曾周游各地，从事数学教育事业20余年。他还亲自编著数学入门书《算学启蒙》。在此书中，他提出已知勾弦和、股弦和求解勾股形的方法，补充了《九章算术》的不足。

需要看到第几条，你才能猜出这是哪位数学家、教育家呢？

29. 历史奇才排排站1

请按照时间的顺序，正确排列下面的历史人物。

A. 有“茶圣”之称的陆羽。

B. 留下“人生自古谁无死，留取丹心照汗青”这句千古名句的文天祥。

C. 不畏权贵，不徇私情，清正廉洁且被尊称为“包青天”的司法界奇才包拯。

D. 写下千古名作《洗冤集录》的宋慈。

30. 历史奇才排排站2

下面一共列出了五位在中国历史上赫赫有名的历史人物，你能按照他们出现的时间顺序来给他们排序吗？

苏定方、郑成功、霍去病、岳飞、戚继光

31. 中国古代十大名医

下面是中国古代十大名医以及他们的绝技或者称号，请你将他们对号入座。

针灸之祖	扁　鹊
脉学倡导者	孙思邈
外科之祖	钱　乙
医圣	李时珍
预防医学的倡导者	宋　慈
药王	张仲景
法医之祖	葛　洪
药圣	黄　帝
儿科鼻祖	华　佗

32. 勾股定理

商高是公元前11世纪西周时期的数学家，他也是世界上最早提出了勾股定理的人，那么你知道他所提出的勾股定理，比古希腊数学家毕达哥拉斯提出的毕达哥拉斯定理（即勾股定理）早了大约多少年吗？

A. 300到400年　　B. 400到500年

C. 500到600年　　D. 600到700年

33. 这是一个皇子

（1）他是清朝时期的一个皇子，他的父亲是康乾盛世时期的皇帝之一。

（2）他精于天文算法，所书八线法手卷，至为精密，并著有《蕉桐幐稿》传世。

（3）他的四个哥哥都英年早逝，所以他在一段时间内当过实际意义上的“皇长子”。

（4）他父亲在位时，曾有一次欲惩罚皇后。他知道这件事后便下跪替皇后向皇上求情，使其免遭惩罚。这个情节在《还珠格格》里出现过。

需要看到第几条，你才能猜出这是哪个皇子呢？

34. 一个女人

（1）她生于唐朝，为名门之后。

（2）她年轻貌美，又聪明伶俐，甚得当时皇帝的宠幸。

（3）她文采出众，且善写诗文，曾引领一时文风。在她专秉内政后，代朝廷品评天下诗文，可谓“称量天下士”。

（4）她在唐隆之变后被杀，新帝还将她的诗作收集起来，编成文集二十卷，令张说作序。此集现已逸失，《全唐诗》仅收其遗诗三十二首。

（5）2013年9月，陕西省考古研究院向外界宣布发现了她的墓葬。

（6）她经常在后世的众多文学及影视作品中出现，如梁羽生的《女帝奇英传》，1999年拍摄的电视剧《大明宫词》等等。

现在，你猜出这是哪个女人了吗？

35. 传说中的女人

（1）她生于宋朝，擅写诗词，是民间传说中的人物。

（2）她的婚姻比较不幸，结婚没几年便撒手人寰。

（3）她的名字最早见于南宋无名氏的《东坡居士佛印禅师语录问答》，其中记载“东坡之妹，少游之妻也”。即是说，她是苏东坡的妹妹，秦少游的妻子。

根据以上的提示，你能猜出这个传说中的女子是谁吗？

36. 先秦神将

（1）他是先秦时期的一员武将，拥有卓越的统帅能力和先进的军事思想。

（2）他是卫国人，却一生历侍鲁、魏、楚三国。

（3）在他侍楚时，曾主持改革变法，而这次的变法也以他的名字命名。

（4）他爱兵如子，却贪恋功名，因为杀妻求将而出名。

根据以上提示，你能猜出这是先秦时期的哪位神将吗？

37. 丝绸之祖

丝绸是古代中国所特有的一种纺织品，那么你知道在下面所给出的四个人中，究竟是哪个人发明了蚕丝纺织吗？

A. 妈祖　B. 嫘祖　C. 黄道婆　D. 织女

38. 高僧

（1）他是一个有旅行家身份的得道高僧。

（2）他的足迹远至今印度、巴基斯坦等20多个国家。这些国家在唐朝时期统称为天竺。

（3）他是中国经陆路到达印度并由海上回国，而留下记载的第一人。

（4）他是东晋僧人，俗家姓龚。他曾参加翻译从天竺取回的佛经《摩诃僧祇律》、《大般泥洹经》等。

（5）他所著的《佛国记》中记述的地域十分广阔，对所经中亚、印度、南洋约30个国家的宗教、文化、风俗、地理、交通、物产乃至社会、经济等都有所述及，是中国和印度间陆、海交通的最早记述，也是一部中国古代关于中亚、印度、南洋的第一部完整的旅行记。这在中国和南亚地理学史和航海史上占有重要地位。

根据以上提示，你能猜出这位高僧是谁吗？

39. 航海家

（1）他是当时著名的方士，博学多才，通晓医学、天文、航海等知识。

（2）他曾率众出海，但却一去不回，甚至有人说他已葬身海底。

（3）他出海的原因是，他曾给皇帝上书说海中有蓬莱、方丈、瀛洲三座仙山，有神仙居住。因此他奉命出海，为皇帝寻找仙药。

（4）日本山梨县富士吉田市宫下义孝先生家藏的《宫下富士古文书》（又名《徐福古问场》）却对这个人的家世记载得十分详细。

根据以上提示，你能猜出这位航海家是谁吗？

40. 中西汇通

（1）他是明朝末期的一个天主教徒，被称为“圣教三柱石”之首。

（2）天文学上的成就主要是主持历法的修订和《崇祯历书》的编译。

（3）数学中的“几何”一词，就是他首先应用的。

（4）他在农学方面的著作甚多，有《农政全书》、《甘薯疏》、《农遗杂疏》、《农书草稿》（又名《北耕录》）、《泰西水法》等等。

根据以上提示，你能猜出这位集传教士、天文学家、数学家以及农学家于一身的天才人物是谁吗？

41. 中西方的巧合

在遥远的西方，有一个伟大的诗人、剧作家叫做威廉·莎士比亚。莎士比亚生于1564年，卒于1616年，他在西方文艺史上的地位是显而易见的，是全世界最卓越的文学家之一，有西方戏剧之父的美誉。

1564年正是中国明朝时期，而在这个时期的中国，也有一位伟大的戏剧作家，他不仅于古文诗词颇精，而且能通天文地理、医药卜筮诸书，有中国戏剧之祖的美誉。更巧合的是，他与莎士比亚同于公元1616年去世。你知道这位伟大的中国戏剧作家是谁吗？

42. 泰山

俗话说“有眼不识泰山”，其中的泰山，指的是东岳泰山，还是岳父老泰山，或者是指别的什么呢？

43. 通鉴

《通鉴》是《资治通鉴》的简称，它是一部多卷本编年体史书，也是中国第一部编年体通史，共294卷，历时19年完成。它以时间为纲，事件为目，它的时间跨度从周威烈王二十三年（公元前403年）开始，到五代的后周世宗显德六年（公元959年）征淮南为止，总共涵盖16个朝代，1362年的历史，在中国官修史书中占有极重要的地位。那么你知道这本著作是谁主编的吗？

A. 司马徽　　B. 司马迁　　C. 司马光　　D. 司马相如

44. 千古奇人

通过下面一段描述，猜猜下面这段话说的是哪位奇人？

他是战国时期最具神秘色彩的人物，也是诸子百家之一。他在兵家、道家、纵横家的领域中都是佼佼者，同时他还是一位阴阳家、思想家、教育家，尤其他还是纵横家的鼻祖。他一辈子带出了无数的优秀学生，但其中最著名的有四个人，其中兵家两人，纵横家两人。有趣的是，他这四个徒弟各为其主，分别两两对立。他的这四个徒弟分别是孙膑、庞涓、苏秦和张仪。他还著有一部讲练气养神之法的《本经阴符七术》，和著名兵书《鬼谷子》（又名《捭阖策》）。

A. 王诩　　B. 贾诩　　C. 孙武子　　D. 魏武子

45. 才子

请根据下面的几条提示，猜猜这是哪个朝代的哪位才子？

（1）他是中国历史上一位画家、文学家。

（2）此人玩世不恭，却才华横溢，是“明四家”之一。

（3）这位才子号六如居士，还有一个号为桃花庵主。

（4）他的一段风流韵事广为后人知晓，甚至已经被后世搬上银屏。

（5）剧中的女主角名叫秋香。

46. 佳人

请根据下面的几条提示，猜猜这是哪个朝代的哪位佳人？

（1）她出身于书香门第，生活富足，后来嫁给了当时的宰相赵挺之的三儿子赵明诚。

（2）出嫁后，她和丈夫共同致力于书画金石的搜集整理，与此同时还创作了不少词作品。

（3）她是婉约词派的代表人物，有“千古第一才女”之称。

（4）很多人上学的时候，在语文课上都学过一首她的词，其中有一句是：“知否，知否？应是绿肥红瘦。”

47. 鬼才

请根据下面的几条提示，猜猜这是中国历史上哪个时期的哪位军师？

（1）他是中国历史上一位很有才能的军师。

（2）他一生中服侍过两位主公，第一位主公是袁绍，却因为怀才不遇而转投他人。

（3）他帮助的第二位主公统一了中国的北方，官至司空军师祭酒。

（4）他的第二位主公认为他是自己的“奇佐”，史书上称他为“鬼才”。

（5）他跟随第二位主公出征乌丸时病逝，年仅三十八岁。

48. 好好先生

东汉末年有一位著名的隐士，从不说别人的短处，与别人谈话时，无论美丑都只说好的地方。有人问他说：“嘿，哥们儿，身体好吗？”他回答说：“好。”有人问他：“嘿，兄弟，你全家好吗？”他回答说：“好。”

终于有一天，有个人跟他说自己的儿子死了，他回答说：“太好了！”

他老婆见他这样，非常不高兴地批评他说：“人家跟你说自己儿子的死讯，是因为认为你的品德高尚，可你居然说很好！哪有这样的道理！”

他却对他老婆说：“老婆大人啊，你说得好啊，说得真是太好了！”

如今世人所说的“好好先生”一语，就出自此人。他还曾荐诸葛亮、庞统于刘备。

那么你知道这位好好先生是谁了吗？

49. 不爱当官爱文艺

根据以下提示，猜猜这是哪位历史名人？

（1）他是明末清初文学家、戏曲家。

（2）明朝末年的时候，他曾在科举考试中成了秀才，清朝建立后，他无意仕途，投身于文字创作和戏剧导演事业。

（3）他著有《十二楼》、《无声戏》等小说集，还创作了《玉搔头》、《凰求凤》等戏剧，与《闲情偶寄》等书。

（4）他一生的传奇故事，被后人改编后搬上了荧屏，2004年的电视剧《风流戏王》的男主角就是他。

50. 笔注华夏

根据下面几条提示，猜猜这是哪位历史名人？

（1）他是北朝时期北魏的地理学家。

（2）他是我国游记文学的开创者。

（3）他幼时便随父亲一起到山东访求水道。

（4）长大后，他游历秦岭—淮河以北和长城以南广大地区，考察河道沟渠，搜集各类资料，终完成著作《水经注》。

02 第二章

CHAPTER

古人也“囧”也“糗”也“奇葩”

历史上的他，也许功成名就，受万世传颂；也许位高权重，曾站在世界的顶峰；也许威武霸气，震慑外敌不敢来犯；也许只成一事便扬名天下，不过那只是阴差阳错或者灵机一动的结果；也许一生可歌可泣，但回头望去，会看见些不一样的东西……

其实他们总有一些鲜为人知的糗事、趣事、倒霉事，或者还有些事是他们得意的、憋屈的、一言难尽的。想不想知道这些名人雅士的另一面呢？

1. 死得其“所”的君主

（1）他是一个比较英明的君主，曾带领他的国家数次击败敌对势力。

（2）这位国君堪称美食家，喜爱各种美食，也比较贪吃，所以体型比较肥胖。

（3）晚年时期他曾梦到自己被恶鬼缠身，前来索命。于是他便找来巫师驱鬼解梦，结果巫师说：“这鬼太厉害了，没治，所以你完了，恐怕是吃不到今年的新麦子了。”

（4）轰走巫师之后打算请当世名医来给他看病，结果医生还没来他又做梦了，他梦见两个小孩说：“神医要来了，咱俩弄不过他，还是躲躲吧，嗯……膏肓不错，就藏那吧。”医生来了，诊治之后便有了“病入膏肓”的典故。

（5）这位君主终于等到了新麦成熟，便叫人烹饪成粥，准备当着巫师的面把粥吃了，然后就把巫师宰了泄愤，结果还没等吃到嘴，忽然感觉肚子疼要大便，于是急忙冲向厕所。然后这位国君就没有然后了，因为他掉茅坑里溺死了。

（6）如果你还不知道这位国君是谁的话，那就看看这条提示吧：他曾经在《赵氏孤儿》中出现过，杀了赵朔的家人赵同、赵括全族的就是他。

现在你知道这位君主是谁了吗？

A. 吴王僚　　B. 晋景公姬獳

C. 周定王姬瑜　　D. 晋成公姬黑臀

2. 强人死的也窝囊

（1）他身份尊贵，位居高职，却也受过降职的处分。

（2）他曾领兵十万，于万军之中指挥若定。

（3）他因叛乱之罪被杀。

（4）传说皇帝曾承诺他说：“顶天立地于汉土，绝不加兵刃于身。”所以他并不是被刀剑所杀，传说他死的时候头不顶天，脚不立地。

（5）其实他是被一个女人设计杀死的。

（6）他平民出身，年轻的时候钻过别人的裤裆。

（7）后人评论他身死这件事时常说“成也萧何，败也萧何”。

那么这是哪一历史事件呢？

A. 朱高煦身死缸中　　B. 朱高煦身死鼎中

C. 韩信身死长乐宫　　D. 韩信身死未央宫

3. 靠“坑爹”发家的牛人

（1）他是生在东汉末年的一个专门“坑爹”的著名人物。

（2）乱世中，他先后投靠至少两个势力，但是几乎所有他投靠过的势力都灭亡了。

（3）在他先后投靠过的主公中，只有曹操命硬，损失一些兵卒罢了，其他主公全部家破人亡，此人堪称“主公杀手”。

（4）他屡战屡败，屡败屡战，锲而不舍。

（5）他有两个出生入死的兄弟，一个能砍，一个能喊。

（6）他有两个智囊，一个被乱箭射死，身葬落凤坡，一个率军出征身陨五丈原。

（7）他有两个儿子，一个丢了，一个儿子弄出一个著名的典故——“乐不思蜀”。

你猜得到这个人是谁吗？

A. 吕布　B. 孟获　C. 刘备　D. 贾诩

4. 在位时间最短的皇帝

在中国的历代皇帝中，下面哪位皇帝是在位时间最短的皇帝？

A. 汉废帝刘贺　　B. 明光宗朱常洛

C. 金昭宗完颜承麟　　D. 元宁宗孛儿只斤懿璘质班

5. 最尊贵的木匠

在中国的历史上，能工巧匠不计其数，尤其是在木匠这个行业里，鲁班被后人奉为木匠届的祖师。然而，鲁班的身份却不是最尊贵的，那么你知道史上最尊贵的木匠是哪一位吗？

6. 不要当面拿别人开涮

春秋战国时期，有一个诸侯国的君主特别喜欢与他的两个臣子一起去找一位叫夏姬的女贵族，然后一起花天酒地。他还经常带着那两个臣子在大殿上穿着夏姬的外套或者内衣玩乐，他的这种荒唐举动举国上下人尽皆知。有一次这位君主又带着那两个臣子去夏姬家淫乐，然后还当着夏姬的儿子夏征舒的面，对那两个臣子说："征舒长得很像你们啊。"两位臣子也回答说："也很像国君您啊。"夏征舒听了他们的对话立刻就怒了，这不仅是在侮辱自己，还严重地伤害了他那已死的父亲的尊严，于是夏征舒便在这位君主喝完酒要离开夏家时，在门外将其射杀。他当着夏征舒的面，拿人家开涮，最终自食恶果，一命呜呼。这是血淋淋的教训啊！

看到这里，你知道这是哪个诸侯国的哪位国君了吗？

7. 文艺范的昏君

五代是指公元907年唐朝灭亡后，在中原地区依次更替的五个政权，即后梁、后唐、后晋、后汉与后周。960年，赵匡胤篡后周，"黄袍加身"建立北宋，标志五代的结束。

在这个时期，有一个通晓音律又爱好曲艺的人，实现了对中国北方大部分地区的统一，并建立了一个在当时极为强大的国家。当他大权在握之后，便沉迷于音律与曲艺之中，以至于他特别宠信伶人（旧社会对艺人的称呼）以及宦官，并且开始贪图享乐不问政事。这些伶人和宦官，因为有皇帝为他们撑腰，所以便肆无忌惮起来。在当时，就连朝中文武大臣们见到那些伶人都要让上三分，有时候甚至还会受到伶人们的监视和侮辱，读书人也断了晋升之路。正是由于这种情况的持续，导致朝臣积愤，将士积怨，民间不满，最终亡国。

你知道这个因为宠信伶人而身死亡国的开国皇帝是谁吗？

A. 后梁的建立者朱温　　B. 后唐的建立者李存勖

C. 后晋的建立者石敬瑭　　D. 后汉的建立者刘知远

8. 好色的昏君

（1）他是那个朝代的第十二位皇帝，并且在昏君排行榜上赫赫有名。

（2）他好男宠，当他的男宠被太后逐放后，竟茶饭不思，甚为想念，曾几度将男宠召回，但又迫于压力，又将这个男宠几度逐放。

（3）他十分好色，并先后有两个皇后，而且其中一个皇后的亲妹妹是他的宠妃。

（4）据说他是个偷窥狂，而且荒淫无度，是当朝第一位荒淫纵欲而亡的帝王。

（5）由于他的昏庸，使得“赵氏乱内，外家擅朝”，更留下了王莽夺汉的祸根。

根据上面那些提示，你能猜出来这是哪一位赫赫有名的昏君吗？

9. “脑残”的昏君

这是一个有点“脑残”的君主，正是因为他痴傻，所以他才不会治理国家，也不能治理国家，终使朝政大权落到了他的皇后手中。这也直接导致了宗室藩王们的不满，于是爆发了“八王之乱”。“八王之乱”爆发后，整个王朝，不仅国内内斗不止，国外的匈奴、鲜卑诸族也对这个王朝虎视眈眈。因此，他治下的百姓颠沛流离，食不果腹。又正巧在此时发生了旱灾，百姓无米可吃，饿殍遍地。就在这种情况下，这位“脑残”的君主居然问他身边的大臣说：“他们没有米吃，为什么不吃肉羹呢？”

再强大的王朝，在这样“脑残”的君主领导下，也会走向灭亡。根据这段叙述，你知道这是哪个朝代的哪位君主吗？

10. 倒霉的明君

（1）他是一位开国君主。

（2）他在位十六年，这期间加强中央集权，提倡文人政治，开创了中国的文治盛世。

（3）他出身行伍，称帝前曾任殿前都点检。

（4）这位君主死的很离奇，没有任何直接证据可以说明这位开国君主是如何离世的。但在某典籍中出现过“烛影斧声”的说法。

（5）他所做的最出名的事件之一是“杯酒释兵权”。

根据以上提示，你能猜出这是中国历史上的哪一位开国君主吗？

11. 一个玩笑引发的血案

这个血案的主角是一个皇帝，他是一个嗜酒成性的人，而且在性格上有些优柔寡断。但他的国家，在他当权的时期，曾一度因为税赋改革与用人得当而复兴。有一次，这个皇帝与他当时特别宠信的张贵人一起喝酒，并且有些酒醉，便开玩笑说：“我当年是看你貌美，才封你为贵人，如今你人老珠黄，又没生孩子，要你何用？明天我就废了你，另选新人。”之后他便沉沉地睡了过去。结果，就是这一句玩笑，张贵人盛怒之下，于当晚伙同数位宫女，用棉被和石头将其杀害。

这位可怜无辜的皇帝，只因酒后开了个玩笑，便丢了性命，这也成为了千古奇谈。你知道这位皇帝是中国历史上的哪位帝王吗？

12. 君主也是可以被饿死的

请根据以下提示，猜猜这是哪位君主？

（1）这是中国某个历史时期的某位皇帝，他也是那个时期某个政权的建立者。

（2）在这位皇帝晚年的时候，国内爆发了一次叛乱。

（3）在这次叛乱中，都城陷落，他也被叛军首领囚禁，并因此被活活饿死于台城。

（4）说起这位开国皇帝的出身，据史书记载，他是西汉丞相萧何的二十五世孙。

13. 又一个被饿死的君主

请根据以下提示，猜猜这是哪位君主？

（1）这是中国某个历史时期的某位君主，他的国家在他的带领下曾一度辉煌。

（2）在这位皇帝晚年的时候，他公然违背当时的制度，废嫡立幼，为以后国家的内乱埋下了伏笔。

（3）在内乱中，这位君主因被幽禁而饿死宫中。

（4）他所统治的国家，在他在位期间，修筑了中国著名的“赵长城”。

14. 举鼎之殇

请根据下面这段描述，猜猜这是哪位历史名人？

这是一位力大无穷的大力士，而且他还是一国之君。正是因为他的强壮，所以他特别喜欢与人决斗，尤其是比拼力气的决斗。有一次他来到洛阳，看见殿门口有一个大鼎，名曰“龙文赤鼎”，于是他便兴冲冲地找来一个同样是大力士的手下来举鼎决斗。决斗的结果是，巨鼎被这位大力士君主举起来了，可他本人却双目流血，绝膑（折断胫骨）而亡。成语“举鼎绝膑”也由此而来。

15. 两个好基友

请根据以下提示，猜猜这是哪两个人？

（1）这两个人中的某甲是中国某个历史时期举足轻重的人物，某乙则是某甲的爱侣。

（2）某乙曾官拜高安侯，后升任大司马，22岁时便位列三公。

（3）某天晚上某甲与某乙同塌而眠，早上的时候某甲先于某乙醒来，因某甲有急事要出门去办，但是某甲却发现自己的衣袖被某乙压住，本想抽出袖子，但又怕惊醒某乙，于是某甲便割断了自己的袖子，然后悄然而去。

（4）上面所说的是典故“断袖之癖”的由来。

16. 作弊高手

唐朝时期，有一个著名的诗人出生在山西，他从小就天赋异禀，才思敏捷，小小年纪就以词赋闻名于世。他屡试不中，仕途一直不顺，但他与一般的落榜考生截然不同，这位大诗人在考场上甚为活跃，作弊手段更是堪称一绝，即使在主考官的严密监视下，他依然可以在众目睽睽之下替8个人写完考卷，并全身而退，时人无不称奇。于是，时人为其加以“救数人”的绰号。

你知道这位大诗人是谁吗？

17. 被人坑害的聪明人

他是著名的军事家，为人聪明，能够运筹帷幄，决胜千里，但他也曾轻信他人，被害得失去双膝，落得终身残疾的下场。你知道他是谁吗？

A. 庞涓　　B. 孙膑　　C. 曹操　　D. 孙武

18. 在位时间最短的小孩

在中国历史上的各个朝代或者国家政权中，还在儿童时期就继承了先人江山的小孩儿有很多，那么你知道哪一个小孩儿皇帝在位时间最短吗？

19. 一帮小孩儿

十岁以下的小孩儿继位为帝的，在中国的历史上并不少见，但是你知道下面选项中的哪一个小孩儿皇帝不是8岁继位的吗？

A. 汉昭帝刘弗陵　　B. 汉献帝刘协

C. 晋成帝司马衍　　D. 北齐后主高纬

20. 自食其果

他是唐朝时期的一个著名官吏，曾因全力支持武则天而备受重用，官拜尚书左丞。

这个人还有一个重要的特征，就是他是当时的酷吏之一，在他手中蒙冤而死的竟有数千人。有一次，一个叫来俊臣的酷吏来问他：“犯人有很多条罪状，但是拒不认罪，怎么办啊？”而此时的他并不知道自己就是来俊臣口中的犯人，于是便得意扬扬地说：“把那个罪犯装到一个大坛子里，然后在坛子的四周生起火烤他，那小子肯定啥都招了。”怎知他刚说完，便听来俊臣对周围的手下说道：“来人，将他装坛子里！”

根据以上这段故事，你能猜到这个唐朝时期的酷吏是谁吗？

21. 倒霉的文艺青年

他是南唐时期的著名词人，他本来出身高贵，却家道中落。虽然其家世并没有像以前那样风光无限，却也还是能够过着锦衣玉食的生活，手底下也还是有那么几千号人归他统领的。可他是个文化人啊，而且还是个很有文艺范儿的那种文化人，于是他便作了一首词。也正是因为这首词，他被当时的皇帝赵光义知道后赐药毒死，招来杀身之祸。他写的那首词中有这样一句：“问君能有几多愁，恰似一江春水向东流。”

你知道这位倒霉的词人是谁吗？

22. 受伤的总是他

根据以下提示，猜猜这是哪位倒霉的将领？

（1）他是春秋时期的吴国大夫。

（2）他本是楚国人，但因为其父亲曾遭人陷害，致使国君下令将其全家诛杀，只有他一人逃亡。

（3）在他逃往吴国的路上，因为身染重病，而花光了身上所有的盘缠，最后不得不一路以乞讨为生。

（4）逃到吴国后，经过他的努力，终于得以引兵伐楚并为父兄报了仇。

（5）在他为吴王立下汗马功劳之后，又遭奸人陷害，被迫自尽。

23. 不作死就不会死

这是一个皇亲国戚的故事，准确地说，他是一个皇子。这个人曾被封汉王，封地位于云南，但因为觉得云南太过偏远，形同流放而心怀不满。此后，这个皇子居然还起了造反的心思，他的皇帝老爹自然不能容他，但有句话说得好，叫虎毒不食子，于是他被废为庶人，幸运的是，在他哥哥的力保下，他只是被削了职，削了藩。他的皇帝老爹去世后，由他的哥哥继位为帝，他当然心有不服，但还没等他有什么表示，他哥哥就去世了。此后，他的侄子继位时，他又起了造反的念头，想半路截杀他的侄子，但事败被捕。被捕后的他仍不安分，在一次他侄子去监牢探望他的时候，他居然要扼死侄子。在这种情况下，他的皇帝侄子终于下令，用铜缸盖住他，之后再于缸上点火将其烧死。

这个故事告诉了人们，不作死就不会死的道理。那么，你知道这个作死的家伙是谁吗？

24. 临行前的演唱会

话说战国末年，有这样一对好基友，他们虽然相识不久，但却有一种相见恨晚的感觉，两人的关系用一句话来说就是：你唱歌来，我伴奏；你跳舞来，我击筑。这一天，基友甲被派去执行一项绝密的刺杀任务，基友乙前来送行。两人相约来到一条河的前面，基友乙说："今日为你践行，祝你能够圆满完成任务，早日归来，再续我们的基情如何？"基友甲豪爽地说："多谢兄弟啦，不如临行前，我们高歌一曲如何，我唱歌，你击筑。"于是，周围过往的人们便听到了一场悲壮的个人演唱会，只听他唱道："风萧萧兮易水寒……"

读完上面一段小故事，你能猜出来这两个好基友都是谁吗？

25. 倒霉的国号

说起秦、隋、宋三次乱世后的大统一，有一个很有趣的巧合，就是他们的大统一都是灭掉了同一个国号的国家而完成的。那么，你知道这个国号是哪个吗？

A. 夏　　B. 楚　　C. 周　　D. 汉

26. 短命王朝后世之福

秦朝统治时期虽然短暂，却是一个无比强悍的朝代，秦朝的统治仅维持了两世皇帝，只有短短的14年时间，但是毫无疑问，它留给后世的遗产是极其庞大的。如果说没有秦朝留下的政治体制、文化、财富、治国安邦的经验教训、秦长城等方面的宝贵遗产，也就不会有后世鼎盛汉朝和其长治久安的统治。巧的是，在更久以后的后世，同样有这样两个接续的朝代，前一个朝代同样只有两世的皇帝，后面的一个朝代同样一度鼎盛，一样的长治久安。

你知道上面说的是哪两个朝代吗?

27. 据说是天花

清朝末期，有一位十分悲催的皇帝，他没有实权，形同傀儡。更悲催的是，他的婚姻生活十分无趣，于是他决定出宫寻乐。这位傀儡皇帝游遍了京城著名的八大胡同，每次都是高高兴兴地去，然后快快乐乐地回。可是这一次，他却乐不起来了，因为他病了。御医诊断说是“花柳”，可他的妈却下旨说他得的是“天花”，按照“天花”治疗。于是，这位悲催的皇帝就这么死了。你知道这是清朝的哪位皇帝吗?

28. 梦与名字

在明朝时期，明太祖朱元璋自洪武四年（1371年）起，曾一度废除了科举制度，并将其改为“荐举”，直到13年后，才恢复了科举制度。恢复科举后的第二年二月，在参加会试的472人中，黄子澄第一，为会元，练子宁次之，二人均为国子监生，第三名花纶是浙江新解首。三月时，他们三人一同参加太祖皇帝的殿试时，读卷官初拟花纶第一，练子宁第二，黄子澄第三。这个消息一经放出，花纶同学可是名噪一时，时人皆称其为“花状元”。可偏巧在放榜之前，我们的太祖皇帝做了一个梦，他梦见殿前一巨钉，缀白丝数缕，悠扬地在日下飘扬。于是太祖大人便在试卷之中挑出一人，就是因为他的名字符合日下双丝的特征，并钦点其为状元。

你知道这个因为皇帝一梦而独占鳌头的状元郎是谁吗?

29. 高龄考生

这是一个清朝时期的山东考生，他出身于没落的地主家庭，19岁时初应童子试，县、府、道试均中第一名，取中秀才，随后却屡试不中。但他并没有放弃，依旧存有做官的心思，于是他继续参加每3年一届的大考。就这样，他一直考到71岁，连头发和胡子都白了，也没考上个名次。主考官看他年事已高又这么执着，觉得他实在可怜，就让他当了个贡生。这个高龄考生满腔悲愤又无处发泄，越想越觉得“仕途黑暗，公道不彰”，于是他把心中的万般不平寄托在小说创作之中，写出了那部永垂青史的《聊斋志异》。

你知道这个写出了一部巨作的高龄考生是谁吗？

30. 别字状元

在清朝时期有一个状元郎，被人称为“别字状元”。此人得此称号是因为在考官与皇帝批阅卷子之时，没有一个人发现他把“董仲舒”写成了“董仲书”。待到放榜之后，众批卷官员才发现这一错误，于是众人一同去皇帝那里请罪，但是木已成舟，更何况这个状元郎也是有真才实学的，所以这位考生也就幸运地成为了当科状元。这位状元郎后来成为了皇帝的老师，培养出了一个具有维新思想的皇帝，更创办了中国近代的第一所大学，并任管学大臣，被聘为总教习。这所学校名为京师大学堂，就是现在北京大学的前身。

你知道这个别字状元是谁吗？

31. 偷鸡不成

秦始皇元年（公元前246年），韩国为阻止秦国兵灭各国，于是决定派遣一名水利专家出使秦国，其目的在于游说秦王政（即后来的秦始皇）开渠引水，意图以此浩大的工程使秦国劳民伤财，借以削弱秦国国力，使其无力征伐。在这位专家的游说下，秦王不但采纳了他的建议，还任命他为工程主管。但这位专家的真实意图在开始施工时被秦国察觉，不得已之下，他再次以开渠的好处游说秦国，终使开渠之事顺利完成。待渠成之后，秦国关中的干旱平原却因此变成了千里良田，粮食大量增产，国力更加强大。在这件事上，韩国也算是偷鸡不成蚀把米。

这位专家使者在秦国开渠，打开了引水灌溉的先河，在农业方面大大增加了当时的生产力，改变了人民的生活条件。秦国人民感恩于他，便以他的名字命名这条水渠。

你知道这条渠是谁建的，是什么渠吗？

32. 看名字猜名人

在中国的某个历史时期，汉人百姓如果不上学的话，是不能有名字的。那么该如何称呼彼此呢？针对这个问题，当时的朝廷规定，不上学的百姓只能以父母年龄相加或者出生的日期为名。下面要说的这个人的五世祖的名字，就是根据这条规定所取的，叫朱仲八。朱仲八有一个儿子就叫朱百六，朱百六又有个儿子叫朱四九，朱四九又有个儿子叫朱初一，朱初一又有个儿子叫朱五四，朱五四又有个儿子叫朱重八。

那么你知道这个朱重八是谁吗？

33. 不要当和尚

在中国的某个朝代，有一个被和尚养大的孤儿。虽然他自小便生活在寺庙中，但他却很不喜欢庙里的生活，甚至对每天都要诵经念佛产生了反感，因为他其实喜欢的是吟读诗书。有一天，这个孤儿对他的和尚师傅说：“师傅，我要下山求学！”可他师傅却始终不同意，认为还是精修佛法比较有出息。可这个孤儿下山求学的决心是很坚定的，于是老和尚想到了一个好主意，同时也是为了让他能够修身养性，便叫他学习泡茶。在学习泡茶的过程中，这个孤儿碰到了一个老婆婆，这位老婆婆不仅教会了他复杂的泡茶技巧，还教会了他很多读书和做人的道理。在这之后，这个孤儿就像武侠小说中某个掉下山崖的主人公得到了一身武功一样，他茶艺技能瞬间满级。当这个孤儿将一杯散发着香气的苦丁茶端到师傅面前时，师傅终于答应了他下山读书的要求。再后来，这个从师傅手里跑出来的“小和尚”撰写了一部名为《茶经》的著作，流传于世。

你知道这个“小和尚”是谁吗？

34. 钻裤裆的少年

从前有个孤儿，他年少时父母双亡，家境十分清苦，但即使生活再苦、再难，也没有让他意志消沉，他依旧心怀抱负，刻苦读书，钻研兵法。随着时间的流逝，在一些邻居的接济和另一部分人的白眼下，这个孤儿长大了。有一天，一个屠户及一群游手好闲的“某二代”当众羞辱他。其中一个屠户的儿子侮辱他说：“别看你长得人高马大，其实你就是一个胆小鬼！哟，还背着剑呢？哟，还不乐意了，你拿剑砍我啊，砍我啊，你敢吗？”这个孤儿当然很生气，于是他瞪大一双眼睛看着眼前侮辱他的人。见他如此表情，那个屠户的儿子哈哈大笑，然后用手指着自己的裤裆下面说：“你要是不敢砍我，那你就从这钻过去吧。”这个孤儿一看周围还有好几个人，明显跟屠户的儿子是一伙的，心知自己若是硬拼肯定吃亏。于是，他便当着在场所有人的面，从那个小屠户的裤裆下钻了过去。周围人见此，一阵大笑，只觉得这个孤儿空有一副好卖相，实际上就是个窝囊废。可他们不知道的是，就是这个受胯下之辱的孤儿，在后来成为了一个了不起的大人物。

你知道这个孤儿是谁吗？

35. 美味的墨水

请根据以下词条，猜猜这是中国历史上的哪位名人？

（1）废寝忘食　（2）吃墨水　（3）笔山　（4）墨池　（5）书法家

36. 忘了相亲的青年

从前有个著名的书法家，他也是当时的侯爵，身份极为显赫。他有一个才貌双全的女儿，被视为掌上明珠，时年方二八，正是出嫁的年龄。这位侯爵为了给自己的女儿选个好老公，可谓煞费苦心。终于，他想到当时丞相家的子弟甚多，而且个个都是才貌非凡之辈，于是他便希望可以在这位丞相家的子弟中，选出一人做自己的女婿。之后，他便与这位丞相说起此事，丞相听后十分高兴，马上告诉书法家说自己回家后立刻召集家中子弟，等待他带着自己的女儿前来选婿。丞相府的子弟们，听说此事后，个个欢欣雀跃，悉心准备，盼着自己能被选中。

这一天，侯爵带着女儿来到了丞相家，看过那些青年才俊后，觉得哪个都好，要从中选出一个实在是一件头疼的事情。与此同时，有一个年轻人也在这一天来到了丞相府，由于夏天炎热，他一进书房便脱去外衣，袒胸露腹，侧卧在床上边喝着茶吃着胡饼，边看着蔡邕的书法，早忘了今天来此是相亲的。正当他看得起劲时，侯爵也来到了这个书房，正好撞见这个年轻人的这副不雅形象，有多尴尬自然不用多说了。

可让人没想到的是，侯爵居然一眼就相中了这个形象不甚文雅的年轻人，当场就下了聘礼，将其择为快婿。

你知道这个袒胸露腹侧卧床上的青年是谁吗？

37. 尿床的孩子

请根据以下词条，猜猜这是中国历史上的哪位名人？

（1）贪玩贪睡　（2）喝水睡觉　（3）尿床　（4）圆木做枕　（5）砸缸

38. 邋遢大王

这是北宋时期一位很有名的政治家、文学家，但其最大的特点却是他那不修边幅的生活态度。据说这位名人会很长一段时间都不换一次衣服，也不洗一次澡，更别提洗脸、漱口什么的了，而且这位名人和宋朝的大多数人一样喜欢喝酒，可以想象一下，这个造型的人得有多邋遢。此外，这位名人还很专注于眼前的事物。例如在一次宴会上，他朋友见他把一整盘鹿肉丝都吃光了，便以为他特别喜欢吃这道菜。可这时有人建议他朋友换一盘别的菜在他面前试试。结果，这位邋遢大王依旧是吃光了眼前的菜，而且他居然完全没发现那盘在他稍远处的鹿肉丝。

就是这样一个邋遢又不修边幅的人，后来不仅高中进士，还当了八年宰相，而且他还是一个难得的清官，就连他的敌人都敬佩他的品德。你知道这位邋遢的名人是谁吗？

39. 亲尝百草的大夫

这位大夫出身于杏林世家，他为了医学事业行遍大江南北，亲尝百种草药，数次中毒险些丧命。有一次，他听人说起华佗的“麻沸散”中，有一味主药是洋金花。为了求证，他千方百计采到一枝后，亲自煎服了一碗，结果不久就失去知觉，当场晕倒。醒来后，他非常高兴，因为他终于找到了失传已久的药物。就这样，他一路走一路求证，同时又将其所见所证的药物和药方编辑整理，最后著出了一部中医药巨典，至今仍为医药界所看重，甚至先后被译成拉丁文、英文、日文、德文、法文、俄文和韩文等多种文字，在世界各国出版。哦，对了，这位名医是明朝时期的人物。你知道这是哪位名医，以及他所写的著作是什么吗？

A. 李时珍《本草纲目》　　B. 张仲景《伤寒杂病论》

C. 孙思邈《千金要方》　　D. 朱丹溪《格致余论》

40. 军情紧急也要吃肉

“涮羊肉”是中国饮食文化上的一朵奇葩，它的诞生和流传与我国历史上的一位大人物有着密切的关系。在距今约700年前，这位大人物亲自率军出征，在征途中的某一天，他突然很想吃家乡草原上美味的清炖羊肉。于是便下令，命随军厨师立即宰羊剔肉。可令他没想到的是，就在此刻，敌军突然发难。由于事发紧急，做清炖羊肉显然来不及了，厨师慌忙之下，只得将羊肉切成薄片，放在锅里“涮”了一下就捞出来，然后仅放一点调料，就将这盘“偷工减料”的清炖羊肉呈了上去。这位大人物此时已经饿得两眼发绿了，看见送上来的肉，三口两口就吃光了，然后立刻率兵迎敌，并大获全胜。班师回朝后，他又命厨师如法炮制，还建议多加些调料，然后大宴群臣，满朝文武吃过后都赞不绝口。于是，这道菜便被这位大人物取名为“涮羊肉”。

那么，你知道这位大人物是谁吗？

A. 元太祖铁木真　　B. 元世祖忽必烈

C. 元朝名将哲别　　D. 元朝名将伯颜

41. 仗剑出游的大诗人

中国的历史上有一位伟大的浪漫主义诗人，他在开元十三年（725年）时离开蜀地，“仗剑去国，辞亲远游”。据相关记载，这位诗人在仗剑出游之后，曾在酒后与数人持械斗殴，甚至还因此不得不“跑路”，以避祸端。

你知道这位持械斗殴的伟大诗人是谁吗？

A、杜甫　　B. 李牧　　C. 李白　　D. 杜牧

42. 行军还要吃肉

“金华火腿”是中国腌腊肉制品中的精华，在国际上享有盛誉。相传他是宋代的一位名将在行军打仗时发明的。因为这位义乌籍的抗金名将逢战必胜，百姓们都很敬佩他，于是争相抬着肥猪前来慰问。这一下，军营内可谓“猪满为患”，甚至到了整个军营天天吃猪肉都到了吃不了的程度，于是这位将领便命人将猪腿割下，腌制起来，为了携带方便，又下令将腌制好的猪腿晒上几天，然后风干。日子一久，腿肉的颜色就红得

如火，大家都形象地称之为“火腿”。

你知道这位创造了“火腿”的抗金名将是谁吗？

A．刘光世　　B．韩世忠　　C．岳飞　　D．宗泽

43. 练字

请根据以下词条，猜猜这是中国历史上的哪位名人？

（1）书法　（2）没被拙掉　（3）十八缸水　（4）大字多一点　（5）王羲之

44. 第一个坐火箭的人

中国历史上第一个坐火箭飞天的人是明朝时期的某个士大夫，他曾坐在一个绑有四十七支自制火箭的椅子上，并且双手举着两只大风筝，然后叫人点火发射。本意是想借助火箭的推力，和风筝的力量达成飞天的目的。但不幸的是，“火箭座椅”在点火不久后便发生了大爆炸，这位士大夫也为此献出了生命。据西方学者考证，这位士大夫是世界上第一个想利用火箭飞行的人。为纪念他，国际天文学联合会用他的名字命名了月球上的一座环形山。

你知道这位“世界火箭飞天第一人”是谁吗？

A．万户　　B．诸葛亮　　C．郭靖　　D．嫦娥

45. 绿色大使

我们的西楚霸王项羽同学自幼爱树，险些成为一个植树造林、保护地球植被的绿色大使。相传有一次，他在某个小村子里看到一个老头正面对一棵桂树，拎着斧头运气。项羽看见这老头的举动，心中大惊：“这货是要砍树啊！”于是他急忙过去询问理由，老头说：“我家的户型看起来像个‘口’字。这地方长棵树，就成了‘困’字，太不吉利了，得砍！”项羽听后，很机智地说：“照您这说法，院中砍树留人，岂不变成了‘x’，如此更不吉利。”老头一听，这还不如留着树呢，于是放弃了砍树的念头。你知道项羽说的话中这个‘x’代表什么吗？

46. 主帅不是好当的

根据以下词条，猜猜这是哪位历史名人？

（1）赵国　（2）廉颇　（3）抗秦　（4）被坑杀　（5）纸上谈兵

47. 你不是耍我呢吧

秦汉时期有一个头脑很厉害的天才，尤其是在领兵打仗这方面。有一天他正在下邳桥边散步，碰见一个穿着粗布短衣的老头，故意走到他身边把鞋子扔到桥下。然后回过头来对他说："小子！去把鞋给我捡上来！"这个天才虽然心里不爽，可因为想知道这老头为啥这么做，便把鞋捡了上来。可不承想，那老头得寸进尺，对他说："给我穿上！"这天才一想，捡都捡了，也不差这一下，于是他就给老头把鞋穿上了。等这天才做完这一切之后，那老头高深莫测地微微一笑，然后径自走开了。没走几步，这老头回身对他说："小子，你是块材料，五天后天一亮你就过来，咱俩聊聊。"

一转眼到了第五天，天刚亮天才就到了桥上，不料那老头来得竟比他早。老头一见他就说："年纪轻轻，比我老头来得还晚！五天后你再来一次吧！"，说完就走了。一转眼，又是第五天早上，鸡一叫，天才就赶到桥上了，可他又比老头晚了，于是他只好再等五天。这已经是第三个第五天了，天才赶在半夜前到了桥上，见老头没来，长出一口气。过了很久，老头来了，见天才早已等候在那儿，便高兴地拿出一本书给他，然后说道："好好读这本书，学成了当个帝王的老师没啥问题。十年后天下形势必然有变，那时候你小子就发迹了……"老头说完就走了。天亮后，天才才看清，这本书名叫《太公兵法》（辅佐周武王伐纣的姜太公的兵书）。十年后，天下形势果然大变，这个天才也因为学习了《太公兵法》而备受主公重用，最后辅佐他的主公统一了天下。

现在你知道这个给老头捡鞋又穿鞋的天才是谁吗？

48. 那人才有王霸之气

在中国的某个历史时期，有一个王者，在他统一了中国的北方后，声威大振，各少数民族部落纷纷依附。有一天，一个匈奴使者前来进贡时，请求面见王者。可王者却觉得自己的长相不霸气，被匈奴使者见到会有损国家的形象。于是他就让长相霸气的部下假扮他接待使者，而自己则拿着刀扮成护卫，站在部下的身后。等朝见完毕后，王者派人向匈奴使者打听他对王者的印象。使者回答说：“王者看起来很威武霸气，但那个站他后面拿刀的人，才是真正的英雄啊。”王者听到使者的这些话后，立刻派人追去杀掉了这个使者。原因是，王者认为使者看穿了自己的计策，是个人才，若放虎归山必是大患。

那么你知道这个对自己长相极没自信的王者是谁吗？

49. 他很搞笑

在几千年前，中国有一个很厉害的大官，他深得当时皇帝的宠信，常伴君左右。他自幼便失去了双亲，由他的哥哥和嫂子抚养成人。他本姓张，却因他出生时的一缕朝阳而被他哥哥给改了姓。他长大后十分幽默风趣，起初并不被皇帝重用，只把他当成相声演员来看待，所以他也被后人认为是相声界的鼻祖。后来，他找准机会对当时的皇帝谏言，由于他字字珠玑，以及皇帝的英明，所以并没有惹怒皇帝，反而因此博得了皇帝的重用。从此以后，他便凭借自己的才华和幽默风趣的语言，赢得了很多粉丝的心，直到后世的朝代中，也有不少人对其崇拜有加。

你知道这个很搞笑的大官是谁吗？

50. 盗墓笔记

在中国的某个历史时期，有一位奸雄，他在建立了自己的势力后，可能是因为缺钱，也可能是因为觉得那些财宝只作为陪葬品太可惜了，所以他每到一处，必做一次发丘将军或者摸金校尉。而实际上，知道他这个行为的人应该不在少数，可却没有一个人因此诟病他。很多年过去了，这位奸雄的势力成为当时中国各势力中最强的，所以他也用不着再去盗墓了，可偏偏就在这时候，有个姓陈的文豪发表了一篇檄文，以此来嘲讽这位奸雄。他在檄文中说：“特置发丘中郎将、摸金校尉，所过隳突，无骸不露。”

那么你知道这个以盗墓补充军费的奸雄是谁吗？

03 第三章

CHAPTER

那些年，忽悠我们的历史

现代人们通过什么去了解历史？是教科书？是史书？是传说？是故事？还是考古得来的结论？无论是哪种方式都可以让我们了解自己的国家、自己民族的历史。若说正史上所记载的都是真的，那么野史所载的便都是假的吗？大家口中的历史常识，都是真的吗？民间传说，都是假的吗？读者朋友们，对那些“官谣”和“民谣”，你们是怎么看的呢？

1. 四大发明之造纸术

纸是生活中很常见的东西，平常我们通过纸质的书籍来学习各种知识，也同时在纸上书写，就连上个厕所都会用到卫生纸，可以说纸在整个社会中的地位是无与伦比的。最让我们国人骄傲的是中国古代四大发明之一便是蔡伦发明的造纸术。

可是蔡伦发明了造纸术这个问题到底是真的还是假的，你知道吗？又为什么呢？

2. 那句传说中的爱情誓言

每当一对情侣爱到浓时，总会用到一些或感天动地、或凄美动人的话语。琼瑶在《还珠格格》里曾引用过一句话：“山无棱，天地合，才敢与君绝。”这是多么坚贞的爱情誓言啊。

然而我们最常说也最熟悉的一句莫过于“执子之手，与子偕老”这八个字了，这不仅仅是两人对爱情的希望，也是给予彼此的誓言，意思是“我们两人，白头偕老，我们的爱，至死不渝”。

可是“执子之手，与子偕老”这八个字根本就不是说给恋人的，而是说给好“基友”的，这个说法是真的吗？

3. 被掳走的陈圆圆

话说李自成起义后，自称闯王，后来建立了大顺政权，一路挥军直下，直抵京畿，明崇祯皇帝见大势已去，便于煤山自缢身亡。此后李自成于北京称帝。而此时的吴三桂虽然身在山海关驻守，但他的家人却都留在了北京城内，其中包括他的父亲以及陈圆圆。李自成称帝之后，吴三桂的父亲便投降了李自成，也就在此时，李自成见到了陈圆圆。陈圆圆貌美如花，且多才多艺，李自成见到她后便不能自拔，日思夜想，最后终于伸出了他的魔爪，将陈圆圆掳走，做了自己的小妾。当据守山海关的吴三桂听到这个消息的时候，十分震怒，因此他“冲冠一怒为红颜”，遂引清兵入关来。李自成因为吴三桂和清军的联手而战败，战败后，将吴三桂之父及家中38口人全部杀死，然后弃京出走。

以上这段叙述是真的吗?

4. 奉天承运皇帝诏曰

“奉天承运皇帝诏曰”这八个字古已有之，不过自明朝开始这句话才被广泛应用，后来逐渐成为了回响于中国人耳畔的声音。近些年古装戏泛滥，戏中便经常出现一个肥头大耳或者枯瘦如柴的太监拿着一幅黄绢，嗲声嗲气地喊道：“奉天承运，皇帝诏曰……”

那么你觉得这句话真的是这样说的吗?

5. 刮骨疗毒

关羽刮骨疗毒的故事大家都知道，那么你认为关羽臂中流矢，华佗为其刮骨疗毒，其间关羽与马良对弈棋局，泰然自若的这段故事是真的吗?

6. 焚书坑儒

千古一帝秦始皇的一生可谓是辉煌无比的，有人说秦国在他的带领下走向强盛，在灭六国之后建立了第一个大统一的帝国，他也是第一个称皇帝的人。对外南征百越，北击匈奴，修灵渠，筑长城，对内改币制，车同轨，整交通，书同文，行同伦，统一度量衡等等，都是他伟大的功绩。但在他的统治时期，也出现过暴政的一面。后世之人对这位千古一帝可谓褒贬不一，其中有一件事可以说家喻户晓，更是让后人一致给出了“差评”，这便是“焚书坑儒”。焚书坑儒指的是秦始皇下令同时烧尽诗书，坑杀儒生，这个说法对吗？

7. 万里长城

中国有句话说得好，不到长城非好汉。这句话中的长城指的自然是北京的八达岭长城，它西起嘉峪关，东到鸭绿江，总长度约6300千米，且全部由条石和青砖所砌。这是秦始皇为抵御匈奴修建的，并且在民间还有一个孟姜女哭长城的传说。这条横亘于中华大地上的巨龙是中国军事史上的奇葩，是建筑史上的奇迹。

以上这段叙述正确吗？

8. 大统一的秦王朝

秦灭六国之后，建立了中国第一个大统一的王朝，做到了完全地、百分之百地扫灭了各个诸侯国，这是真的吗？

9. 大秦的末代皇帝

秦朝末期，秦二世暴政，以“税民深者为明吏”，以“杀人众者为忠臣”。他在位期间，苛捐杂税甚重，同时还扩大征收徭役的范围，更是继续修建阿房宫，穷奢极欲，劳民伤财，压迫的百姓难以生存。最后，终于爆发了大泽乡起义，从此大秦江山摇摇欲坠，最后走向灭亡。可以说秦朝就是灭亡在了秦二世胡亥的手里，所以秦二世也是秦朝的最后一个皇帝。这个说法，对吗？

10. 酒温斩华雄

又一次说到关羽关老爷了，我们的武圣大人曾在十八路诸侯讨董卓的时候大大地露了一回脸。当时华雄勇猛，无人能挡，关羽请战。此战关羽立斩华雄，更有“酒温斩华雄”这一英雄逸事广为流传。那么，这个故事是真是假呢？

11. 女帝

武则天是唯一一个女皇帝吗？

12. 诸葛亮的空城计

三国时代后期，魏明帝曹叡命司马懿为三军统帅，引兵进攻蜀国的街亭，诸葛亮派马谡据守，结果马谡败退。司马懿乘胜进兵，直逼西城。此时西城空虚，诸葛亮无兵迎敌，正在他眉头紧皱时突然灵光一闪，便大开城门，自己坐在城楼上抚琴弹唱。司马懿生性多疑，在多番思索下，认定城内设有埋伏，遂引兵退去。这就是著名的“诸葛亮空城拒司马”的空城计。

那么这个空城计的典故是真的吗？

13. 诸葛亮三气周瑜

这又是一个关于诸葛亮的故事，诸葛亮三气周瑜，导致周瑜箭疮复发三次而亡，这个故事是真是假？

14. 全真教

金庸的武侠小说很多人都看过，就算没看过原著，各种翻拍原著的电视剧也难以计数。在金庸的经典小说《射雕》三部曲中都出现过全真教，那么在中国的历史上真的有全真教吗？

15. 学士、硕士与博士

学士、硕士与博士是现如今的学位等级，相比之下博士等级最高，硕士次之，学士再次之。事实上，它们都是战国时期的官位名称，这是真的吗？

16. 五斗米教

东汉末年群雄并起，各路诸侯割据一方，乱世即将到来。张鲁作为汉中一带的军阀头子，自然是要想尽办法巩固及扩大自己的势力，以备乱世之需。张鲁笼络人心的手段之一就是继承了他祖父张陵所创立的五斗米教，号五斗米师，与东方的张角并称。那么五斗米教是由张鲁的祖父张陵所创立的，这个说法对吗？

17. 谁官更大

电视剧《西游记》大家都看过，其中大闹天宫的桥段更是脍炙人口。剧中有一幕是这样的，孙猴子大闹天宫无人能降，这时如来出现，反手之间便将神通广大的齐天大圣打入五指山下，这一压就是500年。但这不是重点，重点是在如来出场的时候，玉皇大帝的表现，堂堂天庭大佬居然对满头金光的如来行跪拜之礼。那么在宗教中，玉帝和如来谁更官大一些呢？

18. 万恶的庞太师

很多人都知道，北宋时期有一个很有名的太师庞吉，这位太师大人贵为当朝国丈，但他在百姓中的口碑，可实在是不怎么样。在百姓眼里，他结党专权，残害忠良，控制科考，埋没人才，说他罪大恶极都不为过。实际上，中国历史上并没有庞吉这个人，但是在北宋时期，的确有一位“庞太师”，他叫庞籍，官拜宰相，堪称一代贤臣。他不仅是韩琦、范仲淹等人的好友，还是司马光、狄青等人的恩师。可庞籍却不是庞吉的原型人物，那么你知道那个万恶的庞太师的原型是谁吗？

19. 宦官

宦官是什么？对于这样一个问题很多人想都不想，就会回答说，“宦官就是太监呗。”事实上，宦官被称为太监是隋唐以后的事情。在更早的时期，如先秦时期，宦官并不都是太监（阉人），而是由一些被处以宫刑的罪人充任，或从民间百姓的年幼子弟中挑选。宦官的地位都十分卑贱，宦官弄权，则始于秦汉之际。

以上这段叙述中所说的，最开始的宦官不都是阉人，这个说法正确吗？

20. 华表

华表是古代宫殿、陵墓等大型建筑物前面做装饰用的巨大石柱，一般由底座、蟠龙柱、承露盘和其上的蹲兽犼组成。柱身多雕刻龙凤等图案，上部横插着雕花的石板。华表是一种标志性建筑，已经成为中国的象征之一。据载，华表最早的时候被称为“诽谤木”，是一种百姓用来刻画，以此记录琐事或者发泄不满的东西。

以上这段叙述中所说的华表原本的用途是正确的吗？

21. 谥号与庙号

近年来，古装大戏层出不穷，各个朝代的经典故事均被搬上荧屏。在某个版本的古装大戏中，刘备曾说：“待我去禀明献帝。”诸葛亮也说过：“后主有旨。”在另一个汉武帝时期的古装大戏中，大殿之上，群臣议论朝政的过程中有人直呼刘彻武帝等等。总之，如果注意一下，就会发现，现如今的很多影视剧中，大臣通常会直呼当朝皇帝的谥号或者庙号，你认为这样的称呼正确吗？

22. “盛世”大比拼

纵观中国古代历史，我们可以将封建制度的发展总结如下：秦汉为开始，魏晋为探索，隋唐为繁荣，宋元为深化，明清为巅峰。在中国历史上，曾经出现过多个“盛世”局面，如汉朝有“文景之治”、“汉武盛世”、“光武中兴”，隋朝有“开皇之治”、唐朝有“贞观之治”、“开元盛世”，清朝有“康乾盛世”……

单就隋唐两朝而言，有些人认为，唐朝是中国历史上最繁荣、最强大的朝代之一，而隋朝短命而亡，因此，从繁荣程度而言，唐朝的“开元盛世”肯定会超过隋朝的“开皇之治”，真的是这样吗？

23. 疑云重重的“桃园三结义”

在中国，《三国演义》这部小说可以说妇孺皆知，其中刘备、关羽、张飞三人在桃园结义的故事更是广为流传，那么真实的历史中刘、关、张三人究竟有没有结义呢？

24. “朱门”里的酒肉到底“臭”不“臭”？

唐玄宗天宝十四年（755年）十一月，杜甫离开长安，前往奉先县（今陕西蒲城）探望家人，半路上听说安禄山在范阳起兵谋反，史书记载为十一月九日，杜甫感叹自己的命运与国家的命运，写下了著名的《自京赴奉先县咏怀五百字》，其中的“朱门酒肉臭，路有冻死骨”更是成为千古传诵的名句。那么“臭”字究竟应该如何理解？难道真的是酒肉腐败变臭了吗？

25. 一幅画“完胜”四大名著

在中国，“四大名著”可以说是无人不知，无人不晓。那么你知道每一部名著里刻画了多少个人物形象吗？据统计，《三国演义》中刻画了约1200个人物形象，《水浒传》中刻画了约800个人物形象，《西游记》中刻画了约1200个人物形象，《红楼梦》中刻画了约1000个人物形象。不过，你知道吗？北宋时期，有一位画家画了一幅画，这幅画中的人物居然超过了四大名著中的任何一部，你知道这幅画叫什么名字吗？

26. 《满江红》作者是岳飞吗？

怒发冲冠，凭栏处，潇潇雨歇。抬望眼，仰天长啸，壮怀激烈。三十功名尘与土，八千里路云和月。莫等闲，白了少年头，空悲切！

靖康耻，犹未雪；臣子恨，何时灭？驾长车，踏破贺兰山缺！壮志饥餐胡虏肉，笑谈渴饮匈奴血。待从头，收拾旧山河，朝天阙！

很多人都能够背诵这首流传千古的《满江红》，也都认为它的作者就是宋代著名的抗金英雄岳飞。但是，这首词其实并非岳飞所作，这是真的吗？

27. “草船借箭”另有他人

很多看过《三国演义》的人，都对神机妙算的诸葛亮赞叹不已，例如“草船借箭”这段故事，诸葛亮抓住曹操多疑这一弱点，利用大雾天气，向曹操“借”箭，不仅打击了曹操的嚣张气焰，也挫败了周瑜想要谋害自己的图谋，甚至让一向自负的周瑜也自叹弗如。可是，真实的历史上，并没有诸葛亮草船借箭这一事件，反倒是三国时代的另外一位英雄，使用过草船借箭这一奇谋！那么，你知道这个人是谁吗？

28. 炎黄子孙or黄炎子孙

一直以来，中华民族都以“炎黄子孙”自居，所谓“炎黄”，指的是炎帝和黄帝。一般来说，称谓可以反映出辈分高低、先后顺序，例如“康乾盛世”。从论资排辈的角度看，并称“炎黄”，说明炎帝和黄帝地位相当，但是“炎”在“黄”之前，说明炎帝的地位应在黄帝之上。但是事实上，读过《史记》的人都应该记得，炎帝是被黄帝收服的，地位理应在黄帝之下，那么为什么后世偏要称“炎黄”而不是“黄炎”呢？

29. 秦始皇修长城竟然是因为一句谎言

一提到万里长城，人们首先想到的就是秦始皇。尽管秦始皇不是历史上修筑长城的第一人，也不是最后一人，但在人们的印象里，长城与秦始皇有着不解的渊源。前面我们已经提到了一些关于长城的知识，但是，你知道秦始皇到底为什么要修长城吗？如果我告诉你，秦始皇是因为听信了一句谎话而修的长城，你会相信吗？

30. 孔子主张活人殉葬吗？

孔子有句名言：“始作俑者，其无后乎！”通常被人们翻译为：“最开始用陶俑代替人来殉葬的人，大概会断子绝孙吧！”人们现在也约定俗成地用“始作俑者”来比喻那些开创了恶劣风气的人。那么现在问题就来了，我们知道，古代最早是用人来殉葬的，后来才使用陶俑殉葬，维护“正统”周礼的孔子，难道主张用活人殉葬，反对使用陶俑来殉葬吗？

31. 火烧阿房宫之谜

据说秦始皇爱上了一个名叫阿房的民间女子，阿房长得非常美丽，她和秦始皇也是情投意合。但是，这段美丽的爱情却终究没有换来美丽的结局，为了纪念这位他深爱过的女子，秦始皇不惜耗费巨大的人力物力修建了极度奢华的阿房宫。《史记》中记载：“项羽引兵西屠咸阳，杀秦降王子婴；烧秦宫室，火三月不灭。”到了唐朝，大诗人杜牧更是写出了流传千古的骈文名作《阿房宫赋》：“六王毕，四海一。蜀山兀，阿房出……楚人一炬，可怜焦土……”那么，我们是否可以断定，富丽堂皇的阿房宫就是被项羽烧掉的呢？

32. 马可·波罗真的来过中国吗

在中西文化交流史上，马可·波罗可谓大名鼎鼎。马可·波罗，也译作马哥·孛罗，出生于意大利威尼斯一个商人家庭。此人约生于1254年，死于1324年。原本，他只不过是一个默默无闻的“威尼斯商人”。然而，人以书显，那本以他的名字命名的“游记”让他名声大噪。

据《马可·波罗游记》称：大约在1271年时，17岁的马可·波罗随其父亲、叔叔，由两河流域，经中东，历时四年多来到东方。1275年5月，马可来到蒙古帝国的上都（今内蒙古自治区多伦县西北），并获得了元世祖忽必烈的赏识，在元朝当了十七年官，游历足迹几乎遍布中国。曾到过今新疆、甘肃、内蒙古、山西、陕西、四川、云南、山东、江苏、浙江、福建及北京等地，这期间一度到达缅甸。1292年，因伊儿汗国可汗派遣使者向元室求婚，马可·波罗奉命护送公主出嫁，离开中国，从海上经苏门答腊、印度等地到达波斯，并于1295年末回到威尼斯。但是，千百年来，一直有人质疑《马可·波罗游记》的真实性，关于马可·波罗是否来过中国，也是众说纷纭，那么马可·波罗到底有没有来到过中国呢？

33. 炮弹里装沙子是因为清朝官员腐败吗

电影《甲午风云》中有这样一个情节：邓世昌命令致远舰上的水兵将弹头拔下，从炮弹中倒出的竟然是沙子。看到这一情节，观众们无不愤慨，没想到清朝官员竟然如此腐败，居然偷工减料，将炮弹中的炸药换成了沙子。那么事实果真如此吗？炮弹里装沙子真是因为腐败吗？

34. “四大名著”之一在明朝是禁书

《红楼梦》诞生于清朝，但明朝时就有被称为“四大奇书”的四部小说，它们是《三国演义》、《西游记》、《水浒传》和《金瓶梅》，直到曹雪芹写出《红楼梦》，文学界才将《金瓶梅》拿掉，将《红楼梦》与其他三部小说并称为“四大名著”。在明朝时，却有一部小说被列为禁书，有人说是《水浒传》，因为它歌颂“造反有理”，有人说是《金瓶梅》，因为它有许多色情描写，你觉得是哪一部呢？

35. 龙袍和蟒袍到底一样不一样

在戏曲、小说、影视剧中，我们经常会看到或听到龙袍、蟒袍的字眼儿，通常是皇帝穿龙袍，文武百官穿蟒袍，但这些服饰的图案好像都是龙形，那么它们究竟有什么区别呢？你知道吗？

36. 不孝有三，无后为大

“不孝有三，无后为大。”这句话出自孟子他老人家之口，因为是圣人之言，因此被很多人奉为圭臬，这也导致了中国很多地方都存在着严重的重男轻女思想。很多人都在怀疑：“不孝有三”究竟是哪三种行为呢？孟子的本意是否被曲解了呢？

37. 杜甫之死

1200多年前，在衡山境内湘江上的一条小舟里，被后人尊称为“诗圣”的唐代大诗人杜甫去世，享年59岁，对于一位诗人来说，59岁正是文学创作的黄金时期，因此他的去世可以说是极为令人惋惜的。关于他的死因，有人说“酒醉肉饱而死”，有人说“酒醉被淹死”，那么杜甫真正的死因到底是什么呢？

38. “洞房”与新婚无关

洞房花烛夜，金榜题名时。久旱逢甘霖，他乡遇故知。这四件事情被称为“人生四大美事”。“洞房花烛夜”代指新婚之夜，似乎早已成了无可争辩的定论。可是有人却说，“洞房”在古代与新婚无关，那么，真正的婚房又叫什么呢？“洞房”又是从什么时候开始与新婚联系在一起的呢？

39. 正月剃头会死舅吗

“正月不剃头”是我国许多地区的习俗，很多人还煞有介事地说：“正月剃头死舅。”那么，正月里剃头真的会死舅吗？这一民俗究竟是怎样形成的呢？

40. 唐玄宗与“开元通宝”

北京师范大学出版的《历史·七年级下册》（2007年11月第3版第15页）在叙述唐玄宗“开元盛世”的时候，配了一幅插图《唐“开元通宝”钱》，并且在这幅图的右面配上了一段说明文字：“唐玄宗统治的前期，年号‘开元’，政局稳定，经济繁荣，被誉为‘开元盛世’。”有的读者据此认为：“开元通宝”是唐玄宗统治时期发行的货币，就像清朝“康熙通宝”、“乾隆通宝”一样。请问这种说法对吗？

41. 赵括是不是“纸上谈兵”

提起战国时期赵国的大将赵括，人们总会在第一时间做出反应：“纸上谈兵的那个？”的确，赵括自幼就熟读兵书，与人讨论行军布阵、交战策略时简直如滔滔江水连绵不绝，又犹如黄河泛滥一发而不可收拾，就连他的父亲赵奢都承认自己说不过儿子。后来秦、赵两国在长平交战，赵军被围，赵括率兵强行突围，结果被射死，四十万赵军群龙无首，只得投降，最后落个被坑杀的下场，赵括也因此被讽刺为“纸上谈兵”，然而，历史上的赵括真的如此没用吗？

42. 寻找怒鞭督邮的“真凶”

看过《三国演义》的读者，一定会对“张翼德怒鞭督邮”这段故事印象深刻，督邮的贪婪与懦弱，刘备的宽厚与仁慈，张飞的直爽与粗豪，都被刻画得活灵活现，然而就是这样一段精彩的故事，却是《三国演义》作者罗贯中通过移花接木的手段改编而成的，也就是说，怒鞭督邮的另有其人，你知道是谁吗？

43. 李元霸还是李玄霸

提起《隋唐演义》这部书，很多人都非常熟悉，尤其是里面的英雄排名，更是很多人口中谈不完的话题。谁是“隋唐”里最厉害的人物？大家公认的是西府赵王李元霸，在小说和评书里，他手拿一对大锤，打遍天下无敌手，但是有人却说，李元霸不叫李元霸，而是叫李玄霸，这一点还得到了很多人的认可，这是为什么呢？

44. 隋炀帝真的“弑父淫母”了吗

一直以来，隋炀帝给世人留下的都是一个暴君的形象，这一点从他死后的谥号“炀”可以略窥端倪。据《隋书·杨素传》、《隋书·后妃列传》以及《资治通鉴·隋纪》记载：隋文帝病重期间，太子杨广非礼隋文帝的妃子——也就是自己的后母陈氏，陈氏向隋文帝告状，隋文帝大怒，随即派人传召废太子、杨广的哥哥杨勇，不料事情泄露，杨广得知消息，派兵包围皇宫，第二天就传出了隋文帝驾崩的消息，那位被非礼的后母陈氏也受到了新皇帝杨广的“宠幸”。杨广因此被塑造成了一个继“夺嫡”之后又“弑父”“奸母”“篡位”的无耻小人、一个禽兽不如的流氓恶棍！但是，我们要知道，《隋书》是由魏徵、颜师古、孔颖达等人主编的，为自己的敌人书写历史，其真实程度有几分？杨广“弑父淫母”究竟是史实还是野史呢？

45. 一代明君也会错杀大臣

唐太宗在历史上名声极好，他知人善任、虚心纳谏、厉行节约，开创了中国历史上少有的治世局面——贞观之治。即使英明如唐太宗李世民者，也有行事荒唐、错杀大臣的时候，例如久经沙场、战功赫赫的大将李君羡，唐朝建立后被封为武连郡公、左武卫将军、玄武门守将等爵位和官职。但是，由于术士李淳风的一句谶语，李世民便痛下杀手，不但杀了李君羡，还抄了他的家。那么，李世民究竟为何这么狠心地杀了李君羡呢？

46. 因为一句话，一个朝代灭亡了

元朝是中国历史上疆域最广阔的朝代，没有之一。元朝还是中国历史上比较短命的封建王朝，从1271年元朝建立，到1368年元朝灭亡，还不到100年。元朝是被农民起义军推翻的，而农民们之所以起义，除了元朝统治残暴这个主要原因之外，还有个直接原因，就是元朝权臣伯颜说要杀光五个姓的汉人。你知道是哪五个姓吗？

47. 中国古代的“握手”不吉利

握手，是一种现代礼节，初次见面、久别重逢、最后告别时都需握手。握手可以拉近彼此的距离，增加朋友间的友谊，堪称人际交往的法宝。众所周知，中国古人常用的见面礼仪是“作揖”，即两人相见，抱拳拱手，躬身施礼，更为隆重的见面礼仪则是跪拜甚至是叩头了。晚清时期，李伯元在小说《文明小史》中描述晚清官员跟意大利地质专家初次见面的情景，用的是“拉手”而非“握手”；《官场现形记》中写清廷有些官员巴结洋人时用的也是“拉手”。于是，有人推断，古代中国人见面没有“握手”这种礼仪，现代流行的握手礼仪是近代从西方传入的。但实际上，中国古代其实也是有“握手”这一礼节的，只不过“握手”被认为是个不吉利的动作，这又是为什么呢？

48. 我们的“中国梦”

2012年11月29日，中共中央总书记习近平在国家博物馆参观了“复兴之路”展览之后，提出了“中国梦”这一伟大设想。“中国梦”一词也开始成为社会热词，并且成了

全国人民为国家富强、民族振兴、人民幸福而努力奋斗的动员令。其实，“中国梦”一词古已有之，你知道是何时、何人“发明”了这个词语吗？

49. 日本人也把郑成功视为民族英雄

郑成功于康熙元年（1662年）率将士数万人击败荷兰殖民者，收复台湾，被后人称为“民族英雄”。有意思的是，日本人也将郑成功视为本国的民族英雄，你知道，这又是为什么吗？

50. 彭祖真的活了八百多岁吗

彭祖是中国古代传说中的“长寿之王”，据说他活了八百八十岁。很多人都对此提出了疑议，因为一个人活到一百岁就算是长寿了，怎么可能活到八百多岁，于是有人指出：其实彭祖并不是一个人，而是一个部落，或者说是一个小的诸侯国，这个部落或诸侯国存在了八百多年，后人以讹传讹，把彭祖说成了一个人，说他活了八百多岁。但是这种说法却不被人们接受，难道彭祖真的活了八百八十岁吗？

04 第四章
CHAPTER
不看菜谱看兵法

天下大势，分久必合，合久必分，战争在中华民族的发展上有着至关重要的作用。在某种程度上可以说整个华夏民族的历史就是战争的历史，华夏民族通过战争优胜劣汰，在战争中成长进化，曾经站在过世界的巅峰，也曾有过多年的深度沉眠，但不可否认华夏民族是一个强大的民族，它并没有因为战争一蹶不振，反而却因为战争发展壮大。

战争本身也可以看成一种艺术，更可以看成是军事家们的游戏，可谓羽扇纶巾，谈笑间樯橹灰飞烟灭。战争中，虚虚实实，《孙子兵法》、《司马法》、《六韬》、《三略》等兵法战计层出不穷。这些兵法现如今已经被翻译成多国语言，流传全世界，成为了世界的经典，成为了整个世界的瑰宝。

兵法有云："兵无常势水无常形。能因敌变化而取胜者，谓之神。"就是说兵法要活学活用，随机应变才是根本之道。接下来让我们通过战例，玩一个关于战争的游戏吧。

1. 三十六计之守城军"乌龟流"的破解之道

三国时期，蜀汉丞相诸葛亮第五次领兵北伐，对手仍是曹魏统帅司马懿，两军对垒，相持祁山，司马懿据险固守，不出大营半步。就在此时，司马懿得到一条消息，消息说：诸葛亮得知魏国与东吴联合，欲趁机从西面突袭蜀国。而诸葛亮为了避免双线开战的窘境，准备撤兵回蜀。司马懿怀疑诸葛亮这是在诈败诱敌，不敢过分追击，恐有埋伏。张郃却多次建议司马懿率大军追杀蜀军。司马懿最终决定先命张郃率五千精骑追击敌军，自己则亲率大军紧跟其后。张郃早就按捺不住了，急着与蜀军决一死战，于是他立即领兵疾驰而去。事实证明司马懿猜对了，诸葛亮的确布下了伏兵。张郃追进了一条幽深的峡谷，猛然间，四面八方落下无数滚木礌石，堵住了去路。接着，幽谷两侧飞来无数箭矢，张郃及其部卒经此一战全军覆没，无一生还。

司马懿得到张郃战死的消息，悲痛之余也在暗自庆幸，幸亏自己用计，命张郃先行探路，否则他的主力部队就有危险了。你能猜到司马懿这一计是三十六计中的哪一计吗？

A. 打草惊蛇　　B. 引蛇出洞　　C. 欲擒故纵　　D. 借刀杀人

2. 三十六计之石勒定计灭王浚

两晋末年，幽州都督王浚企图自立为王。晋朝名将石勒得到这个消息之后，欲起兵平反，灭掉王浚。当时王浚势力十分强大，若石勒此时出击，一时间恐难以取胜。石勒与众门客商量之后定下一条妙计，最终得以顺利灭掉了王浚。

他的做法是：首先派门客王子春携带一封信件及大量珍宝前去敬献王浚。石勒信中说，“现如今社稷衰败，中原无主，只有你威震天下，有资格称帝，我会拥立你的”。同时又有王子春在一旁添油加醋，把王浚说得心中大喜，当即就信以为真。巧的是，正在这时，王浚有个名叫游统的部下，伺机谋叛王浚。游统找到石勒，想投靠他，而石勒却立即把游统杀了，还将游统首级送给王浚。意思是告诉王浚：“你看见没，我是真心实意拥戴你的，这不把你的叛徒都宰了嘛”。王浚对石勒的这个举动很满意，顿时对石勒没了戒心。

公元314年，石勒得知幽州遭受水灾，百姓颗粒无收，王浚却不顾百姓生死，苛捐杂税，变本加厉，百姓怨声载道，军心浮动。石勒立即亲率大军攻打幽州。同年4月，石勒兵至幽州城，王浚还乐呵呵地以为石勒是来拥戴他称帝的呢，根本没多想。等到城破被抓之时才反应过来，石勒是把他给坑了，最终身首异处。

用一句话说就是王浚中了石勒的计，最终兵败身死。那么你能猜到石勒用的是三十六计中的哪一计吗？

A. 抛砖引玉　　B. 欲擒故纵　　C. 瞒天过海　　D. 釜底抽薪

3. 三十六计之信不信由你

南北朝末期，公元589年，陈国被隋所灭，结束了160多年的南北朝大动乱时代，使久经战乱的中国又一次进入了大统一时期。在隋朝与陈国展开这场最后的攻防战之前，双方都做足了战前准备。隋朝将领贺若弼奉命统领江防，所以他经常组织沿江守备部队调动布防，而且每次下令调防时都召集部队集中在历阳（今安徽省和县一带），还特令军队集合时，必须大张旗鼓，声势震天，动作越大越好，以此迷惑陈国。陈国见隋军如此调动，迷惑之下难辨虚实，以为隋军将至，便倾尽全国兵力，进入了积极备战的状态。可不久后，陈国发现隋军只是对守备人马的调防而已，并非出击，便撤消了备战状态，并召回了集结好的军队。然而，隋军却三番五次大张旗鼓地调防，陈国也只好被动地在备战与撤防之间徘徊。长此以往，伴随着隋军频繁且隐秘的调防，陈国依然麻木，渐渐地便不以为意，以致戒备松懈。直到隋军在大将贺若弼的带领下渡江而来时，陈国居然没有一点察觉。待到隋军兵临城下之时，陈国军队猝不及防，全面溃败，隋朝军队直取陈国的南徐州（今江苏省镇江市一带）。

在这场战役中，你知道隋军将领贺若弼用了三十六计中的哪一计吗？

A. 掩耳盗铃　　B. 暗度陈仓　　C. 瞒天过海　　D. 欺上瞒下

4. 三十六计之是你干的

《三国演义》中有这样一个桥段，曹操想要派一个使者到荆州劝降刘表，但派谁去这是一个问题，于是他开始询问手下的谋士，最后孔融推荐了祢衡，并说祢衡的才能是自己的十倍，还大肆夸奖了一番。但祢衡本人的性格有些恃才傲物，不把别人放在眼里。祢衡见到曹操时，由于曹操没有给他看坐，便开始对曹操出言不逊，并大肆贬低曹操手下的将领和谋士。曹操忍怒没有杀他，还任命他为鼓吏，可他却在第二天击鼓之时，怒骂曹操。他这样的行为曹操当然忍不了，但是因为顾忌他素有贤者之名，怕背上杀贤的罪名便没有杀他，却将他派去了刘表那里。到了刘表那里之后，祢衡依旧狂傲，见到刘表后又是一顿毫不留情的讥讽，刘表也忍不了他，但也同样害怕背上杀贤之名，于是将他派到江夏太守黄祖那里。果然，祢衡不负众望，到了黄祖那里，又开始口不择言地讥讽黄祖。黄祖可没考虑什么杀贤不杀贤的，直接下令将祢衡砍了。

祢衡虽然是自己找死，可他为什么没死在曹操或者刘表手里呢？

5. 三十六计之攻城不血刃

战国时期，秦国派公孙鞅为大将，率兵攻打魏国。公孙鞅引兵直抵魏国吴城城下。吴城地势险要，工事坚固，易守难攻，若要从正面进攻那是千难万难的。公孙鞅苦思破城之策时，探知吴城守将是曾与自己有些交往的公子行，于是立刻计上心头。他写了一封信给公子行，目的是套交情。信中说，虽然我俩是各为其主，现在还得兵戎相见，但就凭咱俩过去的交情，这仗就别打了，两国签订一个友好合约，然后罢兵算了。何况咱俩还是故交，找个时间请你喝酒，好好聊聊这个罢兵的事。信送出后，公孙鞅立刻命令秦军前锋撤回，摆出要撤兵的架势。公子行看完信，又见秦军撤兵，那是相当高兴，立刻回信，并在信中注明会谈日期。公孙鞅见公子行中计，便偷偷地在会谈之所设下埋伏。

会谈当天，公子行带了三百护卫来到会谈地点，见公孙鞅不仅带的人比自己少，而且都没带兵器，瞬间心中大定，觉得公孙鞅很有诚意。会谈过程很和谐，两人追忆之前的友情，互表诚意，然后公孙鞅还摆酒设宴款带公子行。公子行很高兴地入席，可屁股还没坐稳，就听见公孙鞅一声号令，周围突然出现无数刀斧手，不等公子行和三百护卫反应过来，便将其一众尽皆擒拿。此后，公孙鞅利用那些俘虏，骗开吴城城门，占领吴城。逼的魏国割地求和。

在这场兵不血刃的攻城战里，公孙鞅用了三十六计中的一计，你能猜到这是哪一计吗？

6. 三十六计之困守孤城

太平天国后期，革命军因内讧而日渐式微。公元1860年，清军重兵围困太平军的都城天京（今南京），太平军只得困守孤城。为解天京之围，天王洪秀全帐下的将领忠王李秀成献上一计，即自己请兵两万，乘夜突围，偷袭敌军屯粮之地杭州。然后趁清军分兵回援之际，天王亲自领兵突围，与此同时，李秀成率军回击天京，形成两面夹击之势。几经周折下，天王洪秀全采纳了李秀成的计策，分派李秀成、李世贤各率一部人马，李秀成奔杭州，李世贤奔湖州。忠王李秀成也不负所托，不但攻占了杭州，还烧毁了清军的粮仓。在此情况下，清军断了后勤供应，只得急派副将张玉良率军十万，火速回救杭州。天王洪秀全见清军果然分兵，便果断下令全军出击，李秀成也在完成任务之后立刻与李世贤会合，然后一同回撤天京。此时天京城外的清军被城内外的太平军两面夹击，猝不及防之下真是大乱，死伤惨重。经此一役，太平军天京之围被解，清军也在短时间内无法再次组织攻势了。

你能猜出来太平军为解天京之围，使用了三十六计中的哪一计吗？

A、里应外合　　B、围城打援　　C、舍近求远　　D、围魏救赵

7. 三十六计之稻草人疑兵

唐朝天宝十四年（755年），安史之乱爆发，安禄山从范阳起兵，数月后，安禄山攻陷东都洛阳，称帝，国号为“燕”。燕军将领张通晤攻陷宋、曹等州，谯郡（今安徽亳县）太守杨万石投降燕军。杨万石降敌后，又逼张巡为长史，并令其向西接应燕军。

张巡忠于大唐，不肯投降，只好带领仅有的两千多人困守孤城雍丘（今河南杞县）。又赶上此时，安禄山派降将令狐潮引兵四万围攻雍丘城。敌众我寡之下，张巡出城作战虽然偶有小胜，但既无援兵，守城物资又逐渐匮乏，眼看沦陷在即。就在此时，他心中突生一计，急命部卒制作一千多个草人，并给草人披上黑衣，趁夜将稻草人拴在绳子上慢慢往城下吊。夜晚黑暗，令狐潮难以判断敌情，只以为张巡又要夜袭，情急之下，急命部队万箭齐发，急如骤雨。不多时，张巡便轻松获取敌军箭矢数十万支。天亮后，令狐潮才发现自己中计了，暴怒之际又后悔不已。

第二天晚上，张巡故技重施。令狐潮见张巡如此行为，对其嘲笑不止，当然也就没有任何行动。张巡见此情况大喜，急命五百名战士乘吊篮而下，敌兵仍无所觉。这五百战士趁夜潜入敌营，打了令狐潮一个措手不及，以致军营大乱。张巡看准时机，率兵杀出，杀得令狐潮损兵折将，士气全无，只得退守陈留（今开封东南）。在张巡的妙计下，雍丘城之围自解。

张巡用的妙计是三十六计中的哪一计呢？

A. 草船借箭　　B. 无中生有　　C. 趁火打劫　　D. 声东击西

8. 三十六计之吴越争霸

春秋时期，吴越争霸，两国间频频交战，最终的结果是越国不敌吴国，只得俯首称臣，越王勾践被扣在吴国充当三年人质。其间，勾践受尽欺辱，但是他卧薪尝胆，立志复国，表面上对吴王夫差百般逢迎，甚至亲自为夫差尝大便诊病，终于骗得夫差的信任，被提前释放回越国。回国后，勾践依然臣服吴国，为了进一步迷惑夫差，便年年向其进贡财宝，甚至还将西施送与夫差，此后夫差沉迷酒色，勾践却卧薪尝胆，为复国紧锣密鼓地筹备着。几年后，越国实力大曾，国富民强，人心稳定。吴王夫差却还沉浸在过往的胜利之中，依旧认为勾践不足畏惧。他甚至还听信谗言，杀害了伍子胥一家，逼得伍子胥逃亡越国，他还重用奸臣，拒不纳谏，生活靡奢，大兴土木，尽做些劳民伤财之事。公元前473年，吴国饥荒，民怨沸腾。越王勾践趁吴王夫差北上与中原各路诸侯在黄池会盟之机，兴兵伐吴。此时的吴国国内空虚，疲于抵抗，无力还击，很快就城破国亡。

勾践的胜利，正是采用了三十六计中的一计，你知道是哪一计吗？

A. 趁火打劫　B. 欲擒故纵　C. 抛砖引玉　D. 舍不得孩子，套不找狼

9. 三十六计之以弱胜强

春秋末期，齐国大将田和领兵攻打鲁国，鲁国将领吴起率兵迎敌。吴起见齐军来势凶猛，就命令部队就地扎营，坚守不战。田和见吴起按兵不动，便派手下部将张邱借谈和之名前去鲁营打探虚实。张邱的意图被吴起一眼看穿，于是吴起便下令让精锐部队隐藏起来，然后故意让张邱看见自己军中的士兵大多是老、弱、病、残，同时又向齐军示弱，卑躬屈膝地向齐国请和。张邱回营后，将自己所见之事禀报给田和，田和听后大笑不止，认为鲁军孱弱，又士气不振，简直就是一支攻必克的弱旅，于是他渐渐地放松了对吴起的警戒。

张邱走后，吴起便料定此事之后田和必然轻敌，甚至会战备松懈。于是，吴起亲率一队精兵趁夜突袭齐营，并趁乱在齐营中到处放火。偷袭之下，齐营火光冲天，一阵大乱，吴起的精锐部队趁此机会冲杀过去，齐军大败，损兵折将，只有田和、张邱等将领逃走。

正是吴起巧妙地运用了三十六计中的一计，才使敌军麻痹大意，以弱胜强。那么，你知道这是三十六计中的哪一计吗？

A. 声东击西　　B. 瞒天过海　　C. 隔岸观火　　D. 明修栈道，暗度陈仓

10. 三十六计之智取庐江

东汉末年，王权没落，各路诸侯并起，雄霸一方。孙坚死后，年仅十七岁的孙策继承父志，将自己的势力逐渐做大。公元199年，孙策想要顺江北上夺取庐江郡，但庐江郡的南北分别有长江与淮水两道天险，易守难攻，而且还有刘勋这个实力强大的太守镇守，可以说是固若金汤。由于对方强于自己数倍，所以孙策知道自己不能强攻，只能智取。终于在他与帐下各个将领商议过后，策得一条妙计。孙策根据刘勋贪财的性格特征，派人给他送去大量钱财，同时还送了一封信大大地吹捧了刘勋一番。信中说刘勋镇守庐江，功名远播，百姓爱戴，今人无不仰慕，并表示要与刘勋建立友好关系。孙策还在信中以弱者的身份向刘勋求救。他说，上缭经常攻打我们，我们没有他强大，打不过他，经常被他欺负，请求将军发兵降服上缭，我们感激不尽，必有重谢。刘勋见孙策如此讨好自己，那是相当得意，更何况上缭一带，十分富庶，刘勋早有夺取之心，现在又赶上孙策势弱，又极力示好，便认为孙策不足为惧，不仅没有后顾之忧，还能得到双份的好处。于是刘勋决定发兵上缭，虽然他的部将刘晔极力劝阻，但刘勋却拒不纳谏，他

已经被那双份的好处蒙蔽了心智。

刘勋亲自领兵数万攻打上缭时，早就在一旁虎视眈眈的孙策抓住此机会，趁庐江郡城内空虚之际，立即率领本部人马，水陆并进，奇袭庐江。在他的整个军事行动的过程中，几乎没遇到任何顽强的抵抗，十分顺利地攻下了庐江。正在猛攻上缭无果的刘勋，突然得到孙策已攻取庐江的消息后，立刻知道自己中计了，后悔不已，无奈之下只能引兵投奔曹操。

你知道孙策用的这条计策是三十六计中的哪一计吗?

A. 调虎离山　　B. 抛砖引玉　　C. 假道伐虢　　D. 混水摸鱼

11. 三十六计之楚国灭绞

公元前700年，楚国出兵攻打绞国。绞国见楚军已兵临城下，来势汹汹，自知出城迎战必是凶多吉少，于是决定依托城池坚守。由于绞国的地势险要，易守难攻，楚军多次进攻无果，损失惨重。就在两军相持不下之际，楚国中有一位大夫提出了一条计策，他认为绞国困守孤城已近月余，城中必然缺少烧火的木材，若此时派些兵卒扮成樵夫上山打柴，绞国必定出城抢夺。开始几天，让绞国先得些蝇头小利，待其麻痹大意，增派大批士兵出城劫掠时，以伏兵断其后路，然后聚而歼之，绞国城池可破。楚王大喜，决定依计行事。

绞国果然中计，一开始的几天收获果然不小，见有利可图，愈发大胆地出城抢夺柴草。楚王见此情势心中大定，抓准机会定然一战得胜。就在第六天的时候，绞国士兵依旧毫无忌惮地出城劫掠柴草，而楚国的“樵夫”们见绞军又来劫掠，吓得四处奔逃，绞国士兵猖狂地追赶，不知不觉间便已被引入楚军的埋伏圈内。霎时间伏兵乍现，周围喊杀声震天，绞国士兵不敌，溃败奔逃，正是前有强敌，后有追兵，伤亡惨重。楚王趁此机会下令攻城，绞侯自知中计，已无力回天，只得请降。

请问这次战役中，楚国用了三十六计中的哪一计?

A. 连环计　　B. 抛砖引玉　　C. 混水摸鱼　　D. 树上开花

12. 三十六计之淮阴侯之死

楚汉相争，刘邦获得了最后的胜利，建立了大汉王朝，但这并不意味着刘邦就已经得了天下，各地的异姓王拥兵自重，这对刘邦的政权统治来说是一种威胁。公元前200年，韩信趁刘邦派陈豨为代相出兵对抗匈奴时，成功地说服了陈豨带兵反汉，并承诺自己在京城与他里应外合，伺机一举推翻汉室。公元前197年，陈豨在代郡兴兵反汉，自立为代王，刘邦亲自领兵平反。韩信曾与陈豨约定，起事后他在京城诈称奉刘邦密诏，袭击吕后及太子，里外合击刘邦。可是，韩信的计划被吕后得知。吕后与丞相陈平设下一计，对付韩信。

吕后派人在京城散布陈豨已诛，皇上得胜，即将凯旋的消息。韩信得知后虽有怀疑，但始终没见到陈豨派人来送信，心中愈发不安。有一天．丞相陈平亲自到韩信家中，谎称陈豨之乱已定，皇上已班师回朝，请韩信立即进宫朝贺。韩信心虚，只得与陈平一同进宫。结果刚入宫门便被吕后逮捕，囚禁在长乐宫的钟室里，之后身死其中。只是这位有兵王之称的韩信到死也不知道，陈豨被诛的消息，完全是吕后放出的烟雾弹，而陈豨的叛乱，是在韩信死了两年之后才被平定的。

一代名将韩信中了吕后和陈平的计策，最后被杀，那么吕后和陈平用的是三十六计中的哪一计呢？

A．偷梁换柱　　B．借尸还魂　　C．李代桃僵　　D．故布疑阵

13．三十六计之公孙瓒之死

公元199年，幽州公孙瓒被冀州袁绍包围，公孙瓒数次突围，都以失败告终，只得据城而守。公孙瓒为了抵御袁绍的进攻，便下令加强工事，即在城墙周围挖了十条壕堑，又在壕堑上筑起十丈高的城墙。同时，他还下令囤积了300万斛（一斛约为5斗）粮食。在公孙瓒的一系列举措下，果然使袁绍连续几年的攻城都无功而返。

袁绍见久攻不下，盛怒之下决定倾尽全部兵力进攻公孙瓒。公孙瓒见袁绍攻势猛烈，情况危急，急忙派儿子杀出重围，请兵救援。公孙瓒的救兵来到后，他派人送信给援军，并约定以举火为号，内外夹击袁绍。可此时意外发生了，公孙瓒派出送信的人刚一出城就被袁绍大军捕获，公孙瓒的计策也自然被袁绍得知。于是，袁绍决定将计就计，按信中所约定的时间点起火把为号。公孙瓒不知情况有变，果然按照之前的约定领兵出城接应救兵，半途却遭到袁绍的大军伏击，心知中计，但为时已晚，只得大败而回。袁绍乘胜在城墙外挖了一条直达守城中央的地道。待一切准备完毕后，袁绍一声令下，大批袁军突然出现在公孙瓒的城内，有如天降，公孙瓒的防御倾刻瓦解。公孙瓒见

败局已定，杀死自己的家眷后，自尽而亡。

袁绍攻打公孙瓒，用了三十六计中的哪一计呢？

A. 反间计　　B. 以逸待劳　　C. 关门捉贼　　D. 故布疑阵

14. 三十六计之睢阳攻防战

唐朝安史之乱时，安禄山之子安庆绪派其帐下勇将尹子奇率军十万攻取睢阳。镇守睢阳的唐朝御史中丞张巡据城固守，连续击退敌军攻城二十余次。尹子奇见久攻不下，士兵又都已疲惫，只得收兵回营。这天夜里，尹子奇的士兵们刚要休息，忽听城头战鼓隆隆，喊杀声震天，尹子奇大惊，急令部队列阵迎敌。可事实上，张巡只是虚张声势而已，根本没有派兵出击。在此之后，张巡令部下过一会就擂鼓、呐喊一次，做出要出城拼杀的架势，可城门从没打开过，更别提出城作战了。就这样，尹子奇的士兵一夜没睡，一个个累得疲惫不堪，天明时一个个都倒在地上呼呼大睡。这时，突然一声炮响，城门大开，张巡率领守军冲杀而出。尹子奇的士兵从梦中惊醒，顿时乱作一团。张巡一鼓作气，直抵尹子奇中军帅旗之下，令部队擒拿敌军首领尹子奇，却因从未见过尹子奇，而无法擒拿。情急之下，张巡突生一计，命士兵用秸秆削尖做箭，射向敌军。尹子奇的军队中有不少人身中秸秆箭，本以为会丢了性命，却欣喜地发现自己中的是秸秆箭，于性命无碍，同时他们又以为张巡军中的箭已经射光了，便争先恐后向尹子奇报告这个喜讯。通过敌方士兵的表现，张巡立刻找到了敌军首领尹子奇，然后急令部将南霁云引弓射向尹子奇。尹子奇左眼中箭，不得已只好仓皇逃命。尹子奇帐下士兵见主帅重伤，顿时乱作一团，大败而逃。

可以说张巡此战是一箭定江山，有效地减少了己方士兵的伤亡，那么你知道张巡这是用了三十六计中的哪一计吗？

A. 枪打出头鸟　　B. 擒贼先擒王　　C. 引蛇出洞　　D. 假戏真做

15. 三十六计之契丹之乱

唐朝开元年间，契丹多次兴兵犯唐。张守圭被朝廷任命为幽州节度使，负责镇守幽州，平定契丹之乱。契丹大将可突干三番五次对幽州用兵，但都没有任何进展。于是，可突干决定派使者出使幽州，以愿意归降，且永不犯境为由，探听唐军虚实。张守圭知道契丹此时的实力正盛，主动求和，其中必定有诈。所以他决定将计就计，不仅极为热情地接待了契丹来使，还派王悔代表朝廷到可突干营中宣抚，以便商榷对方求和的事宜。在王悔临行前，张守圭密令王悔探明契丹内部的底细。王悔到达契丹营中后，同样受到了热情接待，经过他的仔细观察，发现契丹将领们对朝廷的态度并不一致。接着，他又从一个小兵口中探听到分掌兵权的李过折与可突干一向不和，素有嫌隙。之后，王悔特意去拜访李过折，假装不知两人间有嫌隙，还当着李过折的面，大肆夸奖可突干的才能。李过折听完，十分恼怒，声称可突干主张反唐，使契丹陷于战乱，百姓陷于水火，简直天怒人怨。李过折告诉王悔，契丹这次求和完全是可突干的阴谋，暗地里可突干已向突厥借兵，不日就要攻打幽州。王悔以唐军势大，可突干必败为由，成功劝说李过折归顺朝廷。王悔成功完成任务，在辞别了可突干后返回幽州。第二天晚上，李过折率本部兵马，突袭可突干的中军大帐。可突干毫无防备，营中大乱，被李过折斩于营中。忠于可突干的大将涅礼召集人马，为给可突干报仇，率兵反击，将李过折斩于马下。张守圭闻此消息，立即亲率大军赶来接应李过折的部从。唐军趁着契丹军队内乱之际，迅速冲入契丹军营发动猛攻，生擒涅礼，大破契丹军。从此，契丹叛乱被平息。

你知道张守圭平定契丹这一战用的是三十六计中的哪一计吗？

A. 混水摸鱼　　B. 反间计　　C. 坐山观虎斗　　D. 将计就计

16. 三十六计之反败为胜

战国中期，燕国大将军乐毅引兵攻打齐国，就在乐毅围困齐国仅剩下的楼莒和即墨这两座城池时，燕王听信谗言，认为乐毅有二心，便派亲信骑劫前去取代乐毅攻打齐国，乐毅心知不妙，便逃回了赵国老家。

齐国守将田单得知这个消息后顿感欣喜，因为他深知骑劫才能平庸，在骑劫的带领下，燕军虽然强大，但只要计谋得当，定能反败为胜。首先，田单利用燕军士兵的迷信心理，命国内军民每天饭前到门前空地上祭祀祖先，并供奉食物。因此引来了成群的乌鸦、麻雀来这争抢食物，城外燕军对此感到奇怪不已，后来他们听说齐国有神师相助，竟然每天连飞鸟都定时朝拜，一时间闹得人心惶惶。

与此同时，田单又派人放出消息说乐毅仁慈，齐国军民并不怕他。若是燕军中有人下令割下齐军俘虏的鼻子，齐人定会被吓破胆。骑劫听说这个消息后，觉得很有道理，不仅下令割下俘虏的鼻子，还派人挖了城外齐人的坟墓。他的行为激起了齐国人的愤怒。

接着，田单又派人给骑劫送了一封信，信中他大赞骑劫领兵有道，并表示愿意投降。同时，他还派手下乔装成富户，带着财宝偷偷出城投降燕军。见此情景，骑劫开始相信齐国已是强弩之末了，现在只要等着田单开城投降就行了。

田单见时机已到，觉得主动出击，必见奇效。可苦于齐军兵力不足，恐难以取胜。于是他灵机一动，命人将城中的一千多头牛集中起来，并将尖刀绑在牛角上，还给这些牛披上了“迷彩”服，又在牛尾上绑很多浸了油的麻苇。另外，他还选了五千精兵，同样命其身披“迷彩”，手持兵器，并跟在牛的后面。

待到夜晚，田单下令将牛放出，并点燃麻苇，牛群受惊，直冲燕国军营。燕军毫无防备之下，又见无数奇装异服的火牛来势汹汹，个个被吓得魂飞魄散，瞬间乱作一团。五千齐国精兵接踵而至，杀得燕军死伤无数。骑劫也死于乱军之中，燕军大败。齐军乘胜追击，接连收复七十余座城池，至此，齐国转危为安。

田单在齐国危急之时善于抓住机会，奇谋百出，终于反败为胜，那么你知道田单使齐国转危为安，用的是三十六计中的哪一计呢？

A. 树上开花　　B. 连环计　　C. 螳螂捕蝉黄雀在后　　D. 上屋抽梯

17. 三十六计之拼死一搏

秦朝暴政，天下百姓苦不堪言，想要反秦者十有八九，天下百姓只恨没有一个强有力的领导者。秦二世元年，陈胜、吴广等人被征发到渔阳戍边，路过大泽乡时，连降数日大雨，道路被阻，按时到达渔阳是不可能了。依照当时的法律，征发戍边之人，凡逾期未到者斩。在这种法令下，陈胜、吴广知道，此去渔阳必死无疑，若是举旗反秦，或许还有生路。

可说起反秦，他们二人地位低下，又没有好借口，所以他们也就没有号召力。这可是个大问题，此时陈胜想到了两个人，一个是楚将项燕，他战功显赫，爱兵如子，在军民中威望极高，但在秦灭六国之后不知所踪，另一个是秦始皇的长子扶苏，其人温良贤明，深受人民尊敬，可惜却被秦二世杀害，但这件事老百姓并不清楚，于是陈胜、吴广二人便打出他们的旗号，希望借此来取得大家的拥护。此外，他们还利用当时人们的迷信心理，做了一系列的安排。有一天，士兵在做饭时，在一条鱼的腹中发现一块写着“陈胜王”的丝帛，意思是说陈胜称王。士兵见此，无不大惊，然后这件事就在暗中传开了。深夜里，吴广又在旷野荒庙中学狐狸叫，同时还让士兵们隐约地听到“大楚兴，陈胜王”的口号。这让那些不知情的士兵以为陈胜不是常人，定是上天派来领导大家反抗暴秦的。不久后，陈胜、吴广见时机已到，率领一同的戍卒杀死朝廷派来的将尉。陈胜登高一呼，揭竿而起，之后陈胜自号为将军，吴广为都尉，攻占大泽乡，天下各方云集响应，大泽乡起义就此爆发。后来，部下拥立陈胜为王，国号“张楚”。

看了上面的故事，陈胜、吴广得以成功举旗起义，用的是三十六计中的哪一计呢？

A. 妖言惑众　　B. 金蝉脱壳　　C. 借尸还魂　　D. 假道伐虢

18. 三十六计之淝水之战

公元383年，前秦坐拥黄河流域地区，势力极为强大。前秦王苻坚坐镇项城，调集大军87万企图攻灭东晋。他任命自己的弟弟苻融为先锋攻取寿阳，初战告捷，苻融断定东晋兵力不足且军粮紧缺，于是他建议苻坚速战速决。苻坚闻讯，不等大军齐集，立即率几千骑兵赶到寿阳。东晋将领谢石得知前秦大军尚未齐集，抓住时机，主动出击，派勇将刘牢之率精兵五万，强渡洛涧，杀了前秦守将梁成，重创前秦军。之后，谢石引兵渡过洛涧，顺淮河而上，抵达淝水一线，在八公山边驻军，与驻扎在寿阳的前秦军隔岸对峙。苻坚见东晋军容严整，立即下令坚守河岸，等待后续部队增援。

谢石见敌众我寡，久待必生祸端，于是决定速战速决。但苻坚若是坚守不出，他也没有任何办法，于是灵机一动，派人给苻坚送了一封信，信中说，我要与你决战，你要是怕了的话，还是赶紧投降吧。要是你敢跟我决战，你就暂退一箭之地，放我渡河与你分个胜负。苻坚看完信之后大怒，但又一转念，何不将计就计，暂退一箭之地，待东晋部队渡到河中间时，回兵出击，将晋兵困于河中尽数歼灭。可他却没想到，此时的秦军士气低落，听到撤军的命令，顿时大乱，人马冲撞，踩踏事件时有发生，闹得将士们怨声四起。此时的前秦军要做到令行禁止，简直是痴人说梦，慌乱撤退中的前秦军此时已成溃败之势。这时谢石抓住时机，急令东晋兵马乘敌大乱之际，迅速渡河，奋力追杀。前秦先锋苻融死于乱军之中，苻坚中箭受伤，逃回洛阳。至此，淝水之战，前秦大败，东晋以弱胜强。

东晋以弱胜强大败前秦，用的是三十六计中哪一计呢？

A. 激将法　　B. 顺手牵羊　　C. 混水摸鱼　　D. 暗度陈仓

19. 三十六计之分兵的艺术

秦朝灭亡之后，在众多诸侯中刘邦和项羽脱颖而出，拥兵二十万的赵王歇十分佩服项羽，所以他在巨鹿之战后投靠了项羽。刘邦为了阻止项羽扩张势力，便派韩信、张耳率精兵两万攻打赵王歇。赵王歇亲率大军驻守井陉，与距离井陉三十里外驻扎的韩信二人对峙。韩信见赵王歇的军队十倍于自己，自知不可力敌，于是韩信想到了一条妙计。首先，韩信在山谷树林隐蔽之处设下一支两千人的伏兵，等到己方与赵王歇开战后便诈败逃跑，赵军必倾巢追击。这时，那两千人的伏兵迅速杀入敌营，并在赵军的营地里插上己方的军旗。同时他又派张耳率领一万兵马，在绵延河东岸摆下背水一战的阵式，自己则亲率八千兵马正面佯攻。

第二天清晨，韩信依计行事，亲率大军向井陉杀来。赵军主帅陈餘，立即下令出击，两军激战正酣时，韩信突然领兵败退，还遗留下大量军用物资。陈餘见韩信败退，立刻下令追击，力求全歼韩信。韩信领兵退到绵延河边，与张耳的部队合为一股，然后集结兵力迅速反击。陈餘追杀的正兴起，被韩信、张耳的突然反击打了个措手不及，再加上他此时的部队因为争抢之前的战利品而混乱不堪，瞬间被敌方打得全军溃散。

陈餘见败局已定，急忙下令收兵回营。可当他们退回大营时，大惊失色，大营中不断有弓箭射来，这时他们才发现此时的本部大营竟然插满了汉军的军旗。赵军惊魂未定，营中汉军已经冲杀出，与韩信、张耳从两边夹击赵军。此战中，陈餘战死，赵王歇被俘，赵军二十万人马全军覆没。

你知道韩信以少胜多，战胜赵王歇，用的是三十六计中的哪一计吗?

A. 釜底抽薪　　B. 上屋抽梯　　C. 偷梁换柱　　D. 反客为主

20. 三十六计之周亚夫平叛

公元前154年，刘邦的侄子吴王刘濞串通楚、汉等七个诸侯国，联合发兵叛乱，并首先攻打梁国。梁国拼死抵抗以致损失惨重，于是梁国便派出使者向朝廷求援。汉景帝确认消息后，立刻派周亚夫率三十万大军兵发梁国平叛。周亚夫认为，刘濞率领的吴楚大军十分强势，若与他们正面交锋，恐难以取胜。于是汉景帝询问周亚夫可有败敌之策。周亚夫说，刘濞出兵征讨，战线较长，粮草供应是最大的难题，我们若断其粮道，敌军定会不战自败。汉景帝采纳了周亚夫的意见，并命他派兵扼守战略要地荥阳，然后分兵两路：一路大军袭击吴、楚大军的后勤供应线，意在断其粮道；第二路大军则由周亚夫亲自率领，绕到敌军后方，突袭其后方重镇昌邑。

周亚夫占据昌邑后，立刻下令加固守城工事，做好坚守城池的准备。刘濞得到昌邑丢失的消息后大惊失色，完全没想到周亚夫居然不与自己正面交锋，而是迅速断了自己的粮道，还抄了自己的后路。无奈之下，刘濞立即下令全军改道昌邑，力求以最快的速度夺回昌邑，打通粮道。周亚夫见刘濞大军兵临城下，来势汹汹，不可力敌，果断采取坚守的战略。此时的刘濞，见数次强攻无果，只得命数十万大军驻扎城外，但此刻的刘濞已没有多少粮草可用了。就这样，双方对峙了几天，周亚夫见刘濞大军连最后的粮草也用尽了，数天来士兵们都处于饥饿状态，眼下已经士气全无，没有一点战斗力了。于是周亚夫抓准战机，调集主力部队，突然发起猛攻。刘濞的大军瞬间被打得全线溃败。刘濞落荒而逃，在东越被杀。

A. 釜底抽薪　　B. 以逸待劳　　C. 攻其不备　　D. 扬汤止沸

21. 三十六计之战略转移

宋朝开禧年间，金国调集数万精锐骑兵与宋军决战，而此时只有几千人马的宋军，战则必败。为了保存实力，毕再遇（南宋将领）只得选择撤退，但若直接撤退，已兵临城下的金军必定会追杀自己，让自己的军队损失惨重。正在毕再遇为如何撤退而发愁的时候，他听到帐外马蹄声响起，顿时灵光一闪，计上心来。

白天，他在暗中做好撤退的部署，而在半夜时分，他命兵士擂响战鼓。围城的金军听见鼓声，以为宋军要趁夜劫营，于是他们紧急集合，准备迎战。可过了很久，金兵也没见一个宋兵出现，却听了一夜的鼓声，金兵被吵得整夜不得休息。这一夜过后，金军的头领得知自己中了宋军的疲兵之计，于是他决定不再理睬宋军的半夜擂鼓。就这样，宋营的鼓声又持续了两天两夜，金兵果然不予理会。到了第三天，金兵发现，宋军城内鼓声渐弱，金军首领断定宋军已经疲惫，就立刻分兵数路，打算包抄宋军。当金兵靠近宋营时，发现宋营竟然毫无反应。于是，金兵在首领的命令下，奋勇冲进宋营。可冲进去之后，他们才发现宋营之内早已没有人了，有的只是数十只被倒着绑在树上的羊，和放在羊后腿边上的鼓而已，这说明宋军已经全部安全撤离了。

你知道毕再遇引兵安全撤退，使用的是三十六计中的哪一计吗？

A. 走为上计　　B. 金蝉脱壳　　C. 瞒天过海　　D. 偷梁换柱

22. 三十六计之安静的对峙

西汉时期，北方匈奴屡犯中原，飞将军李广时任上郡太守，负责抵挡匈奴南进。有一次，一个被皇帝派到上郡的宦官，在外出打猎时，被三个匈奴兵袭击，重伤逃回。李广得知后暴怒，立刻点齐一百名骑兵前去报仇。在李广成功追上并击杀了两人，活捉一人之后，忽然发现离自己不远处有数千匈奴骑兵向自己奔来。在李广发现匈奴兵的同时，匈奴兵也发现了李广。但看见李广只带了大约一百名骑兵，便以为这是李广的诱敌之计，为避免被伏击，他们急忙上山备战，静观其变。

李广的骑兵见匈奴人多势众，个个心里恐慌。李广则对他们说："我们不仅人少，离大本营也很远，若仓皇逃跑，必会引来匈奴骑兵的追杀。我们若按兵不动，他们心中定然起疑，认为我们是诱敌深入的饵，所以他们决不敢贸然进攻我们。"说完后，李广便下令继续前进，甚至在他们还离匈奴兵将近二十里的地方全体下马休息，然后又下令让士兵们卸下马鞍并做出一副慵懒之象。匈奴部将心中狐疑，为了打探虚实便派出一名军官前去探查。李广见有人前来探查，立刻下令全军上马，向来者冲杀过去，并且一箭将其射死，然后又下令回去，继续做出慵懒之象。

匈奴见李广如此行为，惊疑之下，他们认定这必是李广的诱敌之计。就这样，李广与匈奴安静对峙到了深夜。匈奴部将遇此情况，担心自己遭到李广大部队的突袭，便仓促撤兵。见匈奴撤兵后，李广便率领着这一百骑安全回营了。

李广之所以能够安全回营，还是因为他用了三十六计中的一计，你知道这是哪一计吗？

A. 疑兵计　　B. 反客为主　　C. 空城计　　D. 将计就计

23. 三十六计之分军制敌

公元前559年的一天，晋悼公想让郑国完全臣服于自己，却没有什么有效的办法，便询问他的大臣荀罃，以求克敌之法。荀罃告诉晋悼公说："郑国对您之所以反复无常，是因为有楚国做依靠，若要郑国真正臣服于您，就要削弱楚国的力量。"晋悼公立刻又问荀罃有什么办法可以削弱楚国的实力。荀罃回答说："我建议您把晋国的军队分为上、中、下三军，每次只调动一军人马与楚国交战，并且采取游击战法，即敌进我退，敌退我进。务必要让楚国求战不能，那么楚军就会往来奔跑，变得疲惫不堪，然后我军大兵压境，战则必胜。"晋悼公听闻此计后，抚掌大笑，并依计行事，果然达到了预期效果。

你能猜到荀罃所用的计策，是三十六计中的哪一计吗？

A. 引蛇出洞　　B. 以逸待劳　　C. 抛砖引玉　　D. 混水摸鱼

24. 三十六计之莎车国的覆灭

东汉时期，班超奉命出使西域，意图在于团结西域各国共击匈奴，但地处大漠西缘的莎车国却不断地煽动周边小国归附匈奴与汉朝对抗。所以，班超决定首先平灭莎车国。莎车自知不敌汉朝，便向北边的龟兹求援，随后，龟兹王亲率五万大军驰援莎车。班超得到消息后，便联合于阗等国共同对敌，但他们的总兵力却只有二万五千人。班超知道，在敌众我寡的情况下，不能力敌只可智取，于是他心中定下一计。

班超首先命人在军中散布部下们对自己的不满言论，并且制造不敌龟兹，有意撤退的假象。这一系列的举动没有任何掩饰，完全暴露给了大营中的莎车俘虏。当天傍晚，班超命令于阗领军向东撤退，自己引兵西去，而且撤退得十分“慌乱”，以致有很多俘虏都趁机逃跑了。莎车俘虏逃回营中后，急忙将汉军慌忙撤退的情况上报。龟兹王闻信大悦，以为班超害怕自己，心虚而逃，便想趁机追杀班超。于是，龟兹王立刻下令兵分两路，其中一路向东追击于阗，另一路则由自己引兵一万向西追击班超。班超在大漠夜幕的掩护下，仅撤退了十里，然后就地隐蔽。龟兹王求胜心切，没经任何探查，以致他从班超隐蔽处飞驰而过都不知道。见到敌人已经中计，班超立即整合部队，与东路的于阗按照之前的安排，迅速向莎车大营杀回。班超大军犹如天降，杀了莎车一个措手不及，莎车瞬间溃败，莎车王被迫请降。追了一夜的龟兹王始终没有见到班超的部队，正疑惑间，听到了莎车全面战败的消息，心知大势已去，便收拾残部，回龟兹去了。

你知道班超在敌众我寡的情况下，分兵两路，克敌制胜，所使用的计策是三十六计中的哪一计吗？

A. 火中取栗　　B. 偷梁换柱　　C. 假痴不癫　　D. 声东击西

25. 三十六计之赤壁前夕

三国时期，赤壁之战前夕，孙、刘两家联合抗曹，但其总体实力还是不敌曹军，尤其是在兵力方面。但值得庆幸的是，曹操的军队多是北方人，不懂水战，而孙刘联军却善于水战，所以在长江水域与曹操的初次战斗告捷，严重地打击了曹军锐气。不善水战这一点，对于曹操来说也并不是什么大问题，因为他手下还是有两员善打水战的将领的，他们就是荆州降将蔡瑁、张允。于是曹操命他二人在长江中建立水寨，训练水军。

蔡瑁、张允的存在，对东吴来说就像眼中钉一样，因此在东吴大都督周瑜的眼里，这两人必须除掉，可是一直苦于没有机会。终于有一天，机会来了，周瑜的故交蒋干以访友为名，来到东吴，刺探军情。周瑜在款待蒋干的宴席上声明，此次只谈友情，不言战事，谁敢提战事立斩不饶。这一来，宴席之上，大家都很愉快地边喝边聊，不知不觉间，大家都喝多了，尤其是周瑜。到了晚上，周瑜热情地邀请蒋干与其同塌而眠，很有要促膝夜谈的架势。然而，事实是这样的：周瑜躺在床上呼呼大睡，蒋干却如芒在背，难以入眠。蒋干从床榻上起身，借着微弱的灯光，隐约看见案头上放着一封信，他偷偷地打开一看，发现这竟是蔡瑁、张允阴谋反曹，投降东吴的密信。蒋干回头看看周瑜，见他睡得很沉，便急忙将信收起，连夜跑回曹营，并将信呈给曹操。曹操看罢，立时大怒，下令杀了蔡瑁、张允。

没过多久，曹操就发现了这封信是周瑜伪造的，情知中计，但为时已晚。这也是后来曹军在赤壁之战中大败的一个重要原因。那么你知道曹操是中了周瑜的哪一计吗？

A. 借刀杀人　　B. 笑里藏刀　　C. 反间计　　D. 苦肉计

26. 三十六计之武昭仪上位

武则天14岁入宫，被唐太宗立为才人。唐太宗死后，武则天被迫削发为尼，不久后，唐高宗在寺中见到了她，便再次召她入宫，并封为昭仪。俗话说，不想当皇后的妃子不是好妃子，而武则天当然是一个好妃子，所以她想扳倒皇后，然后自己上位，终于机会来了，她想出了条妙计。

武则天当时有个尚在襁褓中的女儿，很喜欢这个孩子的高宗和皇后常来探望。有一次，皇后又来探望孩子，而武则天却借故离开，留下皇后一人与孩子独处。武则天见皇后离开后，立刻回来，偷偷地掐死了自己的女儿，然后按原样给孩子盖上被子。刚做完这一切，就赶上高宗过来看孩子，武则天则有说有笑地把皇帝迎了进来。她掀起被子，突然失声痛哭起来。皇帝上前一看，襁褓中的婴儿早已气绝，顿时龙颜大怒。他立刻召集太监、宫女询问刚才谁曾来过，结果自然是皇后。而此时“悲恸欲绝”的武则天又趁势把平时收集的皇后过失一口气说了出来。从此，高宗便有了废黜皇后的打算。永徽六年（655年），高宗废王皇后，立武则天为后。后因高宗多病，皇后武则天得以长期把持朝政，最终废唐立周，成为中国历史上唯一的正统女皇帝。

你知道在武则天陷害皇后，自己上位的过程中，使用了三十六计中的哪一计吗？

A. 美人计　B. 苦肉计　C. 指桑骂槐　D. 舍不得孩子，套不住狼

27. 三十六计之霸主的成长历程

春秋初期，周朝对全国的统治已名存实亡，各个诸侯国并起，逐鹿中原。其中郑国与其邻国宋国、卫国积怨很深，郑国随时有被两国夹击的危险。此时郑国的君主是郑庄公，他采用了一种比较长期的策略，成功变被动为主动，最终成就了郑国的霸主地位。首先，郑国主动对其他诸侯国示好，先后与郑、鲁等国结盟，不久后又与实力强大的齐国成为了盟友。

公元前719年，郑国被宋、卫、陈、蔡四国围攻，鲁国也派兵助战，五国连攻郑国东门五个昼夜，幸未攻下。但郑国已感到自己与鲁国的关系还不够牢固，便想尽办法与鲁国重新交好，希望可以结盟共同对付宋国和卫国。

两年后，郑国以帮郏国雪耻的名义，攻打宋国，并同时派使臣前去鲁国，商议把郑国在鲁国境内的访枋交归鲁国，以求达到与鲁国重修旧谊的目的，可喜的是，郑国成功地再次与鲁国结盟了。这时，齐国又出面调停郑国和宋国的矛盾，郑庄公立即表示接受齐国的调停，与宋国暂时修好，齐国与郑国的盟友关系也因为此事得到了巩固。

在那之后又过了几年，郑庄公以宋国不朝拜周天子为由，代周天子发令，联合齐、鲁二国攻打宋国。三国大军以摧枯拉朽之势占领了宋国大片土地。宋国则联合卫国，避开三国联军的锋芒，乘虚攻入郑国。郑庄公得知大本营危急，立刻把已经占领的宋国土地全部送给齐、鲁两国，自己迅速引兵回击，大败宋、卫联军并乘胜追击，最终击败宋国，还迫使卫国与其求和。郑庄公则趁此机会迅速扩张势力，最终成为了一个时代的霸主。

在郑庄公带领郑国从各路诸侯国中脱颖而出，最终成为时代霸主的过程中，用了三十六计中的哪一计呢？

A. 合纵连横　B. 远交近攻　C. 李代桃僵　D. 挟天子令诸侯

28. 三十六计之盟会惊变

春秋时期，宋襄公因帮助齐世子昭平定齐国内乱并将其扶为齐君侯，而有了主盟称霸的意图。他先约曹、郜、滕、邾等小国盟会，然后又召集齐、楚盟会，虽说楚成王对宋襄公这种自以为是天下第一的行为十分看不上，但他为了打击一下宋襄公的嚣张气焰，还是答应了参加盟会。宋公子目夷提醒宋襄公楚王心存不轨，突然同意参加盟会必是来者不善，需要谨慎对待，但宋襄公以主盟者自居而没有采纳目夷的谏言，简装前去赴会。可宋襄公不知道的是，楚成王已经事先偷偷安排了一千名假扮成文客的士兵尾随而行。盟会这天，众诸侯国国君正一齐拜坛会盟时，楚成王一声令下，那一千名文客瞬间变成了手持刀剑的战士从两旁杀出，令在场的君主们惊恐万分。楚成王见场面完全被自己掌控了，便下令捉住宋襄公，又列出宋襄公的几大罪状，一举夺取他的盟主之位，在场的诸侯君主在他的淫威之下唯唯诺诺。后来，虽然宋襄公在宋大夫公孙固和公子目夷的设计下，被楚怀王释放，但失去盟主之位，也再不敢以天下霸主自居了。

那么你知道楚怀王夺取宋襄公盟主之位时，用的是三十六计中的哪一计吗？

A. 暗度陈仓　　B. 反客为主　　C. 欲擒故纵　　D. 擒贼先擒王

29. 三十六计之政变立国

公元581年，周宣帝宇文赟因荒淫过度而崩，他9岁的儿子宇文衍即位，史称静帝。静帝年幼，大司马杨坚趁机夺权，总揽军政大权。杨坚的专权行为，引起了宇文家族的不满，尤其是周宣帝的弟弟汉王宇文赞，他早就眼红皇帝的宝座了。所以，宇文赞在宣帝死后就搬到了宫中，在朝堂之上与杨坚同帐听政。杨坚虽然恼火宇文赞的做法，但没法说什么，只能暂时隐忍。杨坚知道，宇文赞是一个见到美女就走不了路的好色之徒，于是他派心腹刘防给宇文赞选送了几个美女。宇文赞直接无脑地接收了美女，毫不怀疑杨坚的用意。从那以后，宇文赞每日都沉浸在温柔乡中，渐渐失去了对政事的兴趣，朝堂之上又变成了杨坚一人独大的局面。然后，杨坚又让刘防告诉宇文赞，因为他是先帝的弟弟，所以由他来继承大统乃是众望所归，所以不必急于一时，只需要回府等待时机就行了。宇文赞又一次无脑地信了刘防的话，从此以后便回到王府，每日只顾寻欢作乐，再也不问政事了。而杨坚却在两个月后，发动了政变，建立了隋朝。

你知道杨坚政变建立隋朝，用的是三十六计中的哪一计吗？

A. 美人计　B. 连环计　C. 混水摸鱼　D. 调虎离山

30. 三十六计之伐灭二国

春秋时期，晋国想吞并两个邻近的虞国和虢国，这两个国家都是小国，但关系很不错，无论他们之间的谁受到了攻击，另一个都会出兵救援，这对于晋国来说是很棘手的。好在晋国有个叫荀息的大臣向晋献公献上一计……

晋国连续在很长的一段时间里故意在虢国的边境制造事端，终于找到了一个讨伐虢国的借口。晋国派使者出使虞国，要求借虞国之道前去伐虢，并送上良马和玉璧两件宝物作为礼物，虞公得了好处之后欣然答应。虞国大臣宫之奇认为虞公这个行为大有不妥，便以唇亡齿寒的道理向其进谏，但虞公却没能纳谏。

此后，晋国大军一路无阻地通过了虞国的道路，很快就攻灭了虢国。晋国大军班师时，还送给虞公大量从虢国掠夺来的财宝。虞公大喜过望，以为结交到了一个强有力的盟友。这时，晋军大将里克谎称患病，不能率军回国，只能在虞国京城附近安营扎寨，待痊愈之后再引兵回国，虞公不疑有诈，再次欣然答应。几天之后，晋献公亲率大军来到虞国接应大军，虞公出城相迎又应晋献公之邀前去打猎。他们刚开始打猎不久，只见虞国京城中火势滔天，虞公赶紧回城查看，此时的虞国京城已被晋国攻陷了。至此，虞国和虢国全灭。

上面这个战例，说的是三十六计其中一计的原型战例，你能猜出来这是三十六计中的哪一计吗？

31. 三十六计之憋屈的战斗

毕再遇是南宋时期的著名将领，有一次他带领部队与金兵发生了一场遭遇战，他命令全军采取游击战术对敌，尽量避免与敌人正面交锋。宋朝的军队在毕再遇的指挥下，完美地诠释了游击战的概念，敌人发起攻击，他就领兵撤退；敌人停下来休整部队，他就带兵出击；敌人反击，他又撤退。毕再遇通过这种战术，把金兵打得疲惫不堪。

到了夜晚，毕再遇趁金兵准备休息的时候，将许多用香料煮好的黑豆偷偷地撒在阵地上，然后立即引兵突袭。金军虽然疲惫，但也只能组织反击。可双方刚打了没多久，毕再遇又一次引兵逃跑了。金军觉得这一天仗打下来实在是太憋屈了，看到敌人逃跑，立刻下令追击。可让金兵没想到的是，自己的战马一直处于奔跑的状态，一天下来，又饿又渴，闻到地上有黑豆的味道，立刻争抢着吃了起来，无论士兵如何驱赶，战马就是不肯前进一步，一时间金兵变得十分混乱。此时的毕再遇探查到了金兵的窘境，立刻调集队伍，从四面向金军围杀过来。

这一战，金军大败，损失惨重，毕再遇大获全胜。毕再遇活用了三十六计中的一计，那么你知道这是哪一计吗？

A. 撒豆成兵　　B. 趁火打劫　　C. 连环计　　D. 假痴不癫

32. 三十六计之东吴的覆灭

三国后期，蜀国被曹魏所灭，只剩下吴国与魏国对峙。不久后，魏国大将司马炎逼迫魏元帝曹奂禅让而称帝，改国号为晋。司马炎登基后，便开始筹划他的统一大计了。司马炎在强化水军的同时，还密切观察着吴国的一举一动。司马炎惊奇地发现，此时吴国的军队居然很强大，若正面作战，两败俱伤是免不了的，不过好在此刻吴国的统治集团内部矛盾重重，所以司马炎决定暂时观望，等待机会。

吴国内部纷争激烈，派系众多，且各拥储君，而孙权废太子孙和，新立太子孙亮的举动，使这两派的积怨更深。孙权死后，太子孙亮即位，但他却在孙休派系发动的政变中被废，孙休被拥立为帝。不久后孙休去世，吴国又是一番内斗。内斗后，孙皓即位。孙皓即位后，采取铁血手段对其他派系的人进行报复，几乎杀光了过去的仇敌然后又耗费大量的人力、财力、物力，迁都武昌。在孙皓残暴的统治下，终于引起了江南的民众起义，孙皓被迫还都。经过如此长时间的内斗和残暴的统治，吴国的国力被大大削弱，导致民心、军心涣散。司马炎见攻灭吴国的时机已到，立刻兴兵征伐吴国，晋国仅用了三个多月，就灭亡了吴国。至此，晋朝降孙皓天下归一，中国再次进入了大统一时代。

在晋国攻灭吴国的过程中，似乎吴国失败的主要原因都源于其自身，但不可否认的是，如果司马炎没有活用三十六计中的那一计，胜负还在五五之数。那么你知道司马炎用的是哪一计吗？

A. 关门捉贼　　B. 以逸待劳　　C. 欲擒故纵　　D. 隔岸观火

33. 三十六计之晋文公的反击

春秋初期，晋、楚之战爆发。楚国大将子玉受命发兵晋国，晋文公得到消息后，冷静分析了当前形势。他认为现在楚国的实力要强于自己，因此没有把握能够赢得这次战争，最后他决定暂时后退，避其锋芒。晋文公对外宣称当年自己逃亡在外时，由于楚国先君对他以礼相待，所以他承诺若将来自己能够返回晋国，则愿意两国修好。若两国不得已之下兵戎相见，则自愿退避三舍，现在楚国子玉出兵伐我，正是兑现承诺的时候。于是，晋文公先退三舍(古时三十里为一舍)。晋文公退避时，已派人往秦国和齐国求助，而在退避三舍之后，晋文公已到晋国边界城濮，仗着临黄河，靠太行山，抵御子玉的进攻已经足够了。

子玉率部追到城濮，晋文公早已严阵以待。于是，子玉与晋文公在此地发生了一场惨烈的战斗，双方奇兵尽出，打得难分难解，最终却是晋国以弱胜强，战胜了楚国子玉的大军。子玉兵败后，在猛将成大心的护卫下，带着残兵败将们逃回国了。

在这个战例中，晋国之所以以弱胜强，除了在战斗时有效的指挥和各种奇妙的排兵布阵以外，最主要的还是一开始时晋文公所采用的计谋，你能猜出这条计谋是三十六计中的哪一计吗?

A. 走为上计　　B. 以逸待劳　　C. 远交近攻　　D. 退避三舍

34. 三十六计之孙膑与庞涓

战国时期，魏国大将军庞涓从老师鬼谷子那里离开时，学业并未全部学成，而他的同窗孙膑却是学成出山的。所以，庞涓始终认为鬼谷子把所有兵法都传授给了孙膑，自己才不如孙膑，因此开始嫉恨孙膑。于是他在孙膑来投奔他的时候，设计加害孙膑，让孙膑遭受了膑刑（把双膝盖骨割除），使孙膑成为废人，并想尽办法让孙膑把所学的兵法誊写出来。让他没想到的是，孙膑突然疯了。庞涓当然不相信孙膑是真的疯了，他需要验证，于是他派亲信去暗查孙膑，发现孙膑居然住在猪圈里，每天手舞足蹈不知道在干什么，甚至还把随从送来的食物当成毒药直接打翻，却把猪粪、猪食当美食，吃得不亦乐乎，还边吃边喊好吃。庞涓得知孙膑的状态后，深信不疑，渐渐地放松了对孙膑的看管。在那之后，孙膑有了一些“自由”，因为他可以上街了。上了街的孙膑，就好像“脱缰的野狗”一样，到处发疯，时间久了，庞涓见他始终如此，就放弃了对他的监视。

终于有一天，从齐国来了一名使者做友好访问，使者得知孙膑的情况后，与孙膑一起定计，把孙膑带回了齐国。在以后齐、魏之争中，庞涓被孙膑计杀于马陵道，这就是著名的马陵之战。

你知道孙膑是用了三十六计中的哪一计，才成功逃离魏国的吗？

A. 苦肉计　　B. 装疯卖傻　　C. 金蝉脱壳　　D. 假痴不癫

35. 三十六计之孙权的抉择

汉献帝建安十三年（208年），荆州战役曹操大胜，然后立即开始攻击孙权，大军直逼江陵。曹操向孙权下了一封战书，曹操声称自己是奉旨讨贼，眼下刘备已经战败而逃了，我有大军百万，想与你决战，你要是投降，我或许还能饶你一命，你看着办吧。

在这种敌很强我很弱的情况下，又面临大军压境的局面，孙权的阵营中出现了分歧，朝臣中分为以张昭等人为代表的主降派，和以黄盖等人为代表的主战派，弄得孙权一时难以抉择。好在此刻孙权想起了哥哥孙策的话：内事不决问张昭，外事不决问周瑜。于是孙权派人请周瑜前来议事。周瑜说，虽说曹操大军百万，但并不可怕，给我五万精兵足以御敌。孙权听了周瑜的意见后立刻决定与曹操斗争到底，但周瑜却担心自己出征后孙权又改变主意，于是周瑜对孙权说：我替你上阵御敌，征伐沙场，什么也不怕，但就怕你拿不定主意啊。孙权一听，立刻抽出刀，用尽全力劈掉帅案的一角，在朝堂上厉声喝道：从现在起，谁再敢说半句投降曹操的话，下场就跟这帅案一样！这一下，朝堂之上的主降派再不敢多说一句话了。

孙权听信了周瑜的谏言后，为了解决集团内部矛盾，用了三十六计中的哪一计呢？

A. 指桑骂槐　　B. 李代桃僵　　C. 抛砖引玉　　D. 欲擒故纵

36. 三十六计之一个惊喜

战国后期，赵国北部边境始终不得安宁，时刻要提防匈奴蟾褴国的骚扰。赵王不得不将大将李牧派到北部门户雁门镇守。李牧上任后，每天都以牛羊来犒赏这些边关将士，并下令只可坚守，不许出击。这些匈奴不了解李牧的底细，自然不敢轻犯。李牧则趁这段时间养精蓄锐，加紧练兵，若干年后，李牧终于练出了一支强悍的军队。公元前250年，李牧秣马厉兵，准备出击匈奴。李牧首先派出少量的士兵保护边关百姓出去放牧。匈奴人见状，立刻派出小股骑兵前去劫掠，李牧诈败，还故意留下了一些人和牲畜。匈奴人得意扬扬地回到部落后，将情况报告给了单于，单于认为自从李牧到任，始终坚守不出，必是胆小无能之辈。于是单于亲率大军直逼雁门。李牧见自己的计策已经奏效，立刻下令全军严阵以待，兵分三路，给匈奴单于准备了一个“惊喜”。匈奴大军轻敌冒进，被李牧分而化之，逐个歼灭。单于兵败，落荒而逃，蟾褴国灭亡。

在李牧的计策中，他只用了一点点损失，就换取了全局的胜利。你知道这是三十六计中的哪一计吗？

A．苦肉计　　B．关门做贼　　C．引蛇出洞　　D．李代桃僵

05 第五章 CHAPTER

那些年的那些故事

时间的流逝是永无止境的，站在整个世界的角度来说，五千年的时间不过是惊鸿一瞬，但是在中华大地上五千年的时间却显得有些漫长了。也正是因为这样，才使得中华民族得以发展，才能让华夏子孙在广袤的中华大地上谱写出那么多动人的故事。

在为数众多的故事中，有一部分泛指具有教育意义且大众耳熟能详的人物、事件，被后人称为典故和成语典故，也有一部分因为民间口口相传，所以成了现如今的俗语。虽说大多数人都能说出不少例子，但是你真的知道它们究竟是怎么回事吗？或者说，你知道多少这样的故事呢？要不要挑战一下，看看你到底知道多少？

1. 传唱千年的爱情

巫蛊之术，是巫师利用邪毒之术，设法诅咒人的统称。西汉和之前的时代，人们对巫蛊之术深信不疑。汉武帝在位时发生了牵连甚广的“巫蛊之祸”，上至皇后太子，下至平民百姓，受牵连者数十万。

刘病已就是其中的一个，不过他的命运却是悲惨并幸运的。因为他姓刘，是皇族，他爷爷是戾太子刘据。他很不幸地被卷入了“巫蛊之祸”，但幸运的是，他终被一名监狱长所救，成为了戾太子一脉唯一的幸存者。就这样，刘病已在市井中渐渐长大了，还娶了自小便青梅竹马、身为狱卒女儿的许平君为妻，并且生下了一个儿子。在刘病已18岁那年，把持大汉权柄的中兴名臣霍光带人迎他回朝，随后他成为了汉宣帝，还改了名字，叫刘询。

因为刘询知道，此时权倾朝野的霍光才是真正的老大，所以他一直对霍光言听计从。霍光也对刘询的态度很满意。可就有一件事令霍光不喜，就是谁来当皇后。霍光当然是想让自己的女儿当皇后了，可刘询却下了一道莫名其妙的诏书，上面大概是说：“我在贫微之时曾经有一把旧剑，现在我十分想念它啊，众位爱卿能否为我将其找回来？”总算群臣也是揣摩上意的好手，开始一个个请立许氏为皇后。

许平君一定是最幸福的皇后，因为只有她是与爱人自由恋爱成婚的，而且也没有被当了皇帝的爱人抛弃，最后还能陪伴爱人一直到自己生命的尽头。就在她带着美好的期许生下帝国的小公主的时候，霍光的夫人霍显买通女医淳于衍，用产妇忌服的猛药送许后归了天。史书当然不会记载刘询的悲痛，只有杜陵的南园深埋了这位风华短暂的皇后与一位帝王的沉痛思念。

从这以后便流传下来一个形容夫妻情深的典故，那么这个典故是下面的哪一个呢？

A. 执子之手，与子偕老

B. 南园遗爱，故剑情深

C. 贫贱之知不可忘，糟糠之妻不下堂

D. 在天愿作比翼鸟，在地愿为连理枝

2. 欧阳修的神奇际遇

那是北宋年间，积极培养后进新人的古文运动领袖欧阳修，有一次与端明殿大学士韩子华等一起主持礼部大考。会考结束后，欧阳修正在考院夜以继日地评阅试卷，忽然他觉得身后有一红衣人在对他微笑点头，表示赞赏，随后他朱笔一挥，入眼的便是一篇入选佳作，不由得暗自称奇。更奇怪的是，每当他评阅到极佳的文章之时都能感觉到那个红衣人对他微笑点头。

欧阳修本以为是懂得鉴赏文章的侍吏在一旁点头，可回头一看，室里竟空无一人，接连几次都是如此，甚至以为那都是自己的幻觉。他不禁奇怪，于是便在案头偷偷放了一面铜镜，当这种感觉又一次降临的时候，他向铜镜望去，果然见镜中有一位红衣佳人在微笑点头，这令他欣喜若狂。可当他猛然转身之后，却发现身后依旧什么都没有，又不禁有些隐隐的失落。于是他将这件事讲给同僚听，同僚们无不惊奇，纷纷对此赞叹不已，怀疑有神仙相助。

待到放榜之日，苏轼、苏辙、曾巩等后起之秀都登科及第、名列前茅，而他们所写的那些文章也恰巧都是欧阳修评阅之际，感到红衣佳人微笑点头时所评阅的文章。

后来由这个故事衍生出一句成语，你知道这个故事说的是哪一个成语吗？

A. 神来之笔　　B. 及第成名　　C. 朱衣点头　　D. 心想事成

3. 爱发牢骚的孟浩然

中国古代的士大夫们大多有一种复杂的心境：一方面渴望建功立业、飞黄腾达；一方面又希望归隐山林，自得其乐。表现在行为上，就是不断地在归隐和出仕之间徘徊。但是也有很多人，总是感叹自己怀才不遇，没有得到展现自己的机会。俗话说得好，机会都是留给有准备的人的。可人要是倒霉了，喝口凉水都塞牙，就拿被李白称为“孟夫子”的孟浩然来说吧，自己“时刻准备着”，也得到了一个最好的机会，但偏偏就没能把握住，结果让煮熟的鸭子飞了。

事情是这样的：孟浩然与王维私交甚笃。王维是什么人？唐朝著名田园山水诗人，与孟浩然齐名，人称“诗佛”。同时王维做官也有一套，毫不夸张地说，真就是“出将入相”。有一天，王维邀请孟浩然到自己家切磋学问，恰好唐玄宗来王维家串门，孟浩然一介平民，怕惊扰了圣驾，于是赶忙躲到床下。王维不敢隐瞒，据实奏闻，玄宗命孟浩然出来相见。这真碰上千载难逢的特大机遇了，可这孟夫子却昏了头，那么多锦绣文章、如花诗句都不卖弄，阴差阳错地给唐玄宗背诵了一首“牢骚诗”——《岁暮归南山》。皇帝老子一听老大不高兴：“卿不求仕，而朕未尝弃卿，奈何诬我！”说完拂袖而去。此后孟浩然再无做官机会，他为自己的牢骚太盛付出了沉重的代价，虽然没有“误了卿卿性命”，却结结实实断送了自己的前程。

下面就是孟浩然《岁暮归南山》全诗，你知道其中哪两句惹得唐玄宗不高兴了吗？

A. 北阙休上书，南山归敝庐。　　B. 不才明主弃，多病故人疏。

C. 白发催年老，青阳逼岁除。　　D. 永怀愁不寐，松月夜窗虚。

4. 赵高的礼物

秦二世时，中丞相赵高专权，但是他也不清楚朝廷有多少大臣是依附自己的，又有多少人是反对自己的。于是，他想出一个办法，他要给秦二世献上一件特殊的礼物。

一天上朝时，赵高让人牵着一只鹿跟在自己身后，然后满脸谄媚地对秦二世说道：“陛下，我找来一匹骏马，想要献给您。”秦二世一看，心想：“这哪里是马，这分明是一只鹿嘛！”便笑着对赵高说：“丞相搞错了，这是一只鹿，你怎么说是马呢？”

赵高面不改色心不跳地说：“请陛下看清楚，这的确是一匹千里马。”

秦二世又看了看那只鹿，将信将疑地说：“马的头上怎么会长角呢？”

赵高一转身，用手指着文武百官，大声说道：“陛下如果不信我的话，可以问问众位大臣。”

大臣们都被赵高弄得一头雾水，纷纷在心里嘀咕：“这个赵高搞什么名堂？是鹿是马这不是明摆着吗！”但当他们看到赵高脸上露出的阴险笑容时，便明白了他是何居心。于是，一些胆小又有正义感的人都低下头，不敢说话，因为他们怕说假话对不起自己的良心，又怕说真话会被赵高所害，一些正直的大臣，则坚持认为是鹿而不是马，还有一些奸佞小人立刻附和道：“真是一匹千里马啊！”

后来，那些坚持认为是鹿的正直大臣纷纷被赵高所害，有的甚至满门抄斩。

你知道这个故事说的是哪个典故吗？

A. 颠倒黑白　　B. 指鹿为马　　C. 混淆是非　　D. 马鹿不分

5. 素质教育才是硬道理

宋代开国宰相赵普，原本是宋太祖赵匡胤手下的幕僚，后与赵匡胤的弟弟赵光义策划了“陈桥兵变”，使赵匡胤黄袍加身，做了宋朝的开国皇帝，赵普被任命为宰相。后来赵光义即位做了皇帝，赵普仍然是宰相，有人讽刺他不学无术，读过的书也只不过是一部《论语》而已，有一次，宋太宗跟赵普聊天，宋太宗问道：“有人说你只读过一部《论语》，真的有这回事吗？”赵普很坦然地回答道：“臣掌握的学问，确实没有超过《论语》的范围。过去臣以半部《论语》帮助太祖平定天下，现在臣要用半部《论语》来辅佐陛下把天下治理得太平无事。”后来赵普因年老体衰去世，家人打开了他的书箱，里面真的只有一部《论语》。因此后人就用一句话来形容赵普，你知道是下面哪句话吗？

A. 一部《论语》治天下　　B. 一部《论语》平天下

C. 半部《论语》平天下　　D. 半部《论语》治天下

6. 将军一去，大树飘零

东汉冯异是光武帝刘秀手下一位非常优秀的将领，他本是儒生，成为将军以后，他勇敢善战，刘秀认为他是个不可多得的人才。有一年，冯异到洛阳朝见光武帝。光武帝非常高兴，马上让人准备了隆重的仪式来迎接他。光武帝还在众大臣的面前大力表扬了冯异。他说：“在我当年起兵的时候，冯异是我手下非常得力的一位将领。在我创立大业的过程中，冯异更是立下了汗马功劳。尽管创业的道路是非常艰辛的，但是冯异帮助我除去了道路上多刺的荆棘，使我最终恢复了汉朝！”“披荆斩棘”这个成语就是从这里来的，现在人们用它来比喻扫除前进道路上的障碍或克服创业过程中的艰难。

尽管冯异功勋卓著，但他却非常低调，从不居功自傲。刘秀手下有众多将领，大家在征战的间隙经常聚在一起聊天，谈论的话题无非就是自夸战功，以此来抬高自己的身价。每当众将争功论能之时，冯异总是一个人默默地躲到大树下面。士兵们因此送给冯异一个外号，你知道这个外号是什么吗？

A. 平民将军　　B. 让功将军　　C. 大树将军　　D. 不争将军

7. 早知今日，悔不当初

李斯是上蔡人，秦始皇在位时，他被封为丞相。秦始皇死后，他与宦官赵高密谋，篡改遗诏，立秦始皇小儿子胡亥为皇帝，逼死太子扶苏。后来，李斯因为反对赵高的专权而与赵高产生矛盾，赵高就诬陷他和他的儿子企图谋反，并派人把他们抓起来关进大牢。

李斯幻想着等皇上派人来审问的时候申明自己的冤屈，哪知道赵高早就看透了他的想法，就派人冒充皇帝的使者来审问他。李斯说出实情，却被拷打得更加厉害，等到皇帝派出使者前来审问时，他又认为是赵高的人，只好违心地承认了谋反的罪行。

后来，李斯被押到京城大街上示众，随后将要被腰斩。他回头看着身后受自己牵连而将要被处死的家人，内心非常痛苦。他对儿子说道："儿啊，我和你牵着黄狗，从咱们老家上蔡城的东门出去到山里去追逐野兔的日子，永远不会有了。"说罢，父子俩抱头痛哭。随即，李斯全家都被处死。

后来人们就用一个词语作为当官遭祸、抽身悔迟的典故，你知道是下面哪个词语吗？

A. 东门逐兔　　B. 上蔡东门　　C. 牵黄逐兔　　D. 东门狩猎

8. 有胆有识的班超

东汉时，班超奉命出使西域，刚到鄯善国时，鄯善国王对他们非常客气，可后来却变得怠慢起来。班超派手下去打听，才知道原来是匈奴也派使者来到了鄯善国，鄯善国王不想得罪汉朝，但更害怕匈奴，因此才怠慢了班超一行人。班超将跟自己一起来的三十六名卫士召集在一起喝酒，对大家说："大家到这里来是想立大功，可匈奴使臣让鄯善王怠慢我们，也许他还会把我们抓起来交给匈奴人，你们说该怎么办？"

大家说道："在这种危险的时候，我们听从您的调遣！"

班超于是倡议："不冒险进入老虎居住的洞穴，就抓不到老虎的幼崽。现在我们只能趁着夜色攻打匈奴使臣的大营，然后杀死他们。这样鄯善国王才不会把我们抓起来，也不会和匈奴联手对付我大汉。"就这样，班超带着三十六人，一举攻破匈奴军营，杀死了匈奴使者，促使鄯善国王下定决心与东汉政府联手对付匈奴。

这个故事中包含着一个非常有名的典故，你知道是下列哪一个吗？

A．龙潭虎穴　　B．杀使立威

C．不鸣则已，一鸣惊人　　D．不入虎穴，焉得虎子

9. 人才济济的班氏家族

说起姓班的人，人们首先想到的恐怕就是班超了。班超少年时代当了个抄书的小吏，后来觉得这个工作难以实现自己的志向，于是投笔从戎，最终万里封侯，名留青史。但班超家里绝对不是只有他这一个人才，他的父亲班彪、哥哥班固、妹妹班昭，都是历史上赫赫有名的史学家，"二十四史"中的《汉书》就是由班氏一家人修著的。

司马迁著《史记》，从传说中的黄帝时代一直写到了汉武帝时代，汉武帝之后的历史，虽然有人记载过，但班彪却觉得这些人写得非常粗鄙，决定自己重新写一部关于西汉的史书，并且命名为《汉书》。班彪死后，班固接任了父亲的职位，继续编著《汉书》，但是《汉书》还没有完成，班固也死了。妹妹班昭还在班固活着的时候就参与了全书的撰写工作，后来又得到汉和帝的恩准，可以到东观藏书阁参考典籍，所以写起来得心应手，在班昭四十岁的时候，终于完成了《汉书》。

《汉书》出版以后，获得了极高的评价，学者争相传诵，《汉书》中最棘手的是第七表《百官公卿表》、第六志《天文志》，这两部分都是班昭在她兄长班固死后独立完成的，但班昭都谦逊地仍然冠上她哥哥班固的名字。班昭的学问十分精深，当时的大学者马融，为了得到班昭的指导，还曾经跪在东观藏书阁外，聆听班昭的讲解。

可以说，班超一家人才济济，班昭作为一介女流，居然能够与父兄齐名，更是难能可贵。后人造出一个成语，不仅总结了班昭一生最大的文学成就，而且也成了对才女们的赞美之词。你知道是哪个成语吗？

A．巾帼不让须眉　　B．咏絮之才　　C．女中丈夫　　D．东观续史

10. 爱护动物也有错吗

春秋时期，卫国第十八代国君卫懿公非常喜欢鹤。他在宫廷所在地定昌、朝歌西北的鹤岭、东南的鹤城都养了许多鹤。他对这些鹤非常好，不但提供美味的食物、上等的住宿条件，还赐予这些鹤以品位和俸禄。上等的鹤享受大夫的待遇，次一等的享受士的待遇。他每次出外游玩也一定把鹤带上，载于车前，称之为“鹤将军”。卫懿公因为爱鹤成癖，所以对于国家大事毫不上心，对于人民的疾苦也毫不在意。于是，百姓们对卫懿公十分怨恨，国家也日益衰落了。终于有一年，卫国遭到了外敌入侵，情况十分危急。卫懿公这才慌张了。他召集大臣们发兵抵抗。而大臣们却说：“你喜欢鹤，可以让鹤前去。”卫懿公又召集百姓们去打仗，百姓们也都说：“你还是让鹤去杀敌吧，它们平时享受着高官厚禄，为什么不让它们去，而让我们去呢？”卫懿公没有办法，只得带了很少的亲信去迎敌，结果被敌人杀死了。

从下列选项中给这个故事选一个最合适的标题，应该是哪一个？

A. 因小失大　　B. 驾鹤西游　　C. 以鹤御敌　　D. 爱鹤失众

11. 死了也不得安生

南宋奸相秦桧投降金人，对岳飞、韩世忠等抗金将领恨之入骨。他曾经多次跟妻子王氏在家里的东窗下面谋划如何陷害岳飞，王氏对秦桧说：“被抓到的老虎一旦放回山林，就很难再把它抓住了。”于是，岳飞就被秦桧以“莫须有”的罪名杀害了。后来，秦桧坐着船在西湖游玩，突然有个披着长发的人飞到秦桧面前说：“你作恶多端，误国误民，我已经告诉上天，上天要派人来捉拿你了。”秦桧又惊又怕，回家以后没几天就死了。秦桧死了没几天，他的儿子秦熺也死了。王氏摆上神案，请来道士驱鬼，道士用法术进入阴间找到了秦桧，发现秦桧正戴着枷锁遭受酷刑。秦桧对道士说：“请你告诉我夫人，我俩在东窗下的密谋已经暴露了。”后人因此创造出一个成语用来形容阴谋败露，将要受到惩罚。你知道这个成语是什么吗？

A. 真相大白　　B. 原形毕露　　C. 东窗事发　　D. 报应不爽

12. 苏秦的“罪过”

战国时，苏秦向鬼谷子学习纵横捭阖之术。学成之后，苏秦告别老师，从家里带足了金银作为盘缠，自信满满地来到秦国，想要说服秦王实行连横政策，结果却遭到了秦王的冷遇，苏秦不死心，一直留在秦国不肯离去，直到身上的钱全都花完了，连貂皮大衣都卖了，最后才靠乞讨回到家中。到家之后，父母在堂上坐着，就是不理他；妻子正在织布，也不迎接他；嫂子也不给他做饭。苏秦羞愧地想道：“父母不把我当成儿子，妻子不把我当成丈夫，嫂子不把我当成小叔子，这都是我苏秦的罪过啊！”于是苏秦把自己关进房间，发奋苦读，后来，他游说燕国，发起了合纵的倡议，燕、赵两国都任苏秦为相，苏秦一下子变得富有尊贵，他的嫂子见了他以后，就恭敬地跪在地上，连头都不敢抬，一脸谦卑的神色。苏秦于是笑着问嫂子：“嫂子，以前你对我那样倨傲，现在为什么对我这样谦卑呢？”苏秦的嫂子也是个实在人，老老实实地回说：“主要是因为叔叔你地位高又有钱！”苏秦感叹不已，于是拿出千金分给家里人。

由于这个故事，苏秦的嫂子一下子也成了“名人”，她还给后人留下了一个专门讽刺“势利眼”的成语，你知道这个成语是什么吗？

A．刮目相看　　B．前倨后卑　　C．前后不一　　D．势利小人

13. 大人小孩谁聪明

孔融是东汉末年著名的文学家，他从小就很聪明，而且还懂得谦让，“孔融让梨”的故事更是家喻户晓。孔融十岁的时候，有一次跟着父亲到了当时的国都洛阳。当时有位名士李膺正好住在洛阳，孔融的父亲想去拜访李膺，结果拜访李膺的人太多，守门人说，除非是才智出众、德高望重的人，又或者是亲戚世交才给通报。孔融一听，就走上前去，对守门人说道：“我们是李大人家的亲戚世交。”守门人于是赶紧通报，孔融于是跟着父亲进门入座。李膺问道：“您和我是什么亲戚啊？”孔融回答说：“我的祖先是孔子，您的祖先是李耳（即老子），他们是师友关系，也就是说，我们孔家和你们李家是世交。”李膺和宾客们听了以后，无不惊奇赞叹。有位太中大夫陈韪晚到一会儿，不知道这件事，等他到了之后，有人就把孔融的话告诉了他。陈韪撇着嘴说道：“小时候聪明伶俐，长大后未必聪明。”孔融立刻说道：“想来您小的时候，一定是非常聪明伶俐。”陈韪十分尴尬，众人哈哈大笑。

这个故事给后人留下一个成语，你知道是什么吗？

A. 有志不在年高　　B. 少年早慧

C. 为老不尊　　D. 小时了了，大未必佳

14. 侯门深似海

唐代元和年间，秀才崔郊寓居在襄州（今襄阳）姑母的家里。姑母家有个婢女长得非常美丽，崔郊很喜欢她，这个婢女也很喜欢崔郊。但是，姑母却在不久之后把这个婢女卖给了襄州司空于頔。

崔郊对这个婢女念念不忘，寒食节那天，因为人们都要外出踏青，所以崔郊早早地来到司空府门外等候，终于等到了将要外出游玩的恋人，两人四目相对，百感交集。

后来，崔郊写下了一首诗来抒发自己的伤感："公子王孙逐后尘，绿珠垂泪滴罗巾。侯门一入深似海，从此萧郎是路人。"

故事到此并没有结束，有一个人妒忌崔郊的才华，故意将这首诗献给于頔，企图借刀杀人，没想到于頔知道事情的原委之后，不但没有生气，反而召来崔郊，将婢女领去并赠给他万贯钱财，成就了这段美好的姻缘。

那么，问题来了，崔郊姓崔，为什么在诗中不用"崔郎"而用"萧郎"呢？

A. 崔郊自卑心理作怪

B. 崔郊怕于頔知道后会报复自己

C. 崔郊笔误

D. "萧郎"原指梁武帝萧衍，他是南朝梁的建立者，风流多才，在历史上很有名气。唐人多以"萧郎"指代女子所爱恋的男子。

15. 项羽沐猴而冠

楚霸王项羽，即使在争夺天下的战争中最后败给了刘邦，也被很多人认为是一个顶天立地的大英雄。但是，项羽也曾被人讥笑，说他就像一只猴子。

项羽年轻的时候看到秦始皇外出巡游时威风凛凛的样子，就动过"取而代之"的想法。秦始皇去世以后，陈胜、吴广在大泽乡起义，紧接着，项梁、项羽、刘邦也纷纷举起义旗反抗秦朝。后来，项羽率兵"破釜沉舟"，消灭了秦军的主力，又进入咸阳，

烧毁了秦朝的宫殿。项羽的声望和权势达到了顶峰，同时刘邦对他的威胁也开始越来越大。这时，项羽想的居然不是如何对付刘邦，而是风风光光地回趟老家，项羽的理由很充分："富贵不还乡，就像穿着漂亮的衣服在夜里走路一样。"项羽的做法引起了很多人的不满，有人就讽刺说："人们都说楚国人是'沐猴而冠'，我看一点儿也不假。"项羽听说这些话之后，非常生气，立刻派人把那人抓起来杀了。

沐猴，就是猕猴。"沐猴而冠"，原指猕猴性急，不能像人一样戴冠着带。后来这个词被用来讽刺一个人徒具仪表，而无内才，品格低下，或是形容人的个性暴躁轻浮，不能成就大事。

项羽一生虽然短暂，但颇具传奇色彩，除了破釜沉舟、沐猴而冠之外，还有很多与项羽有关的成语典故，请从下列选项中选出与项羽无关的一项。

A. 霸王别姬　　B. 四面楚歌

C. 背水一战　　D. 项庄舞剑，意在沛公

16. 皇帝的特殊赏赐

南北朝时，南朝齐有位名叫张融的官员。他自幼饱读诗书，文才出众。虽然身材矮小，长得也不好看，但他精神焕发，走起路来昂首挺胸的。齐高帝萧道成在没有做皇帝的时候就很器重张融，并与他成了好朋友。

萧道成认为张融是个"不可无一，不可有二"的人。这句话的意思是说，像张融这样的人才是不可能一个都没有，但也绝不可能有第二个。萧道成做了皇帝之后，有一次，他把自己曾穿过的衣服送给了张融，并亲写一道手诏，大意是说："我把自己的一件旧衣服送给你。这件衣服本来是我自己穿的，不适合你的身材，现在我已经叫人将衣服改缝过了，一定会适合你的身材了。"在古代，皇帝把自己穿过的衣服赏赐给大臣已经是一种不同寻常的荣耀了，更何况皇帝还命人将衣服改过之后再赏赐，因此张融收到衣服后非常感激萧道成对自己的栽培和器重。

后来，这个故事还变成了一个成语典故，你知道是下列成语中的哪一个吗？

A. 独一无二　　B. 文采斐然　　C. 嘘寒问暖　　D. 量体裁衣

17. 叉手铁龙

北宋开国大将石守信手下有个管库房的小吏名叫萧云，他经常跟别人赌博。有一次，萧云输了个精光，便趁着夜色，跑到库房里偷了一些钱。毕竟做贼心虚，萧云有些惊慌，不过赌瘾发作，也顾不上许多，拿完钱就急急忙忙地走了。第二天，萧云才发现库房丢了东西，看守库房责任重大，萧云不敢不禀报上司，但又不敢直说丢了什么东西，只好说丢了"叉手铁龙"这样东西。你知道"叉手铁龙"是什么东西吗？

A. 库房里一件像龙的宝物　　B. 库房里的银子

C. 库房里成串的铜钱　　D. 库房门上的锁

18. "大贪"都自"小贪"始

北宋名臣张咏御下极严，他在崇阳做地方官时，曾去银库视察，正好碰到一个管库的小吏刚从银库里出来，张咏见小吏神色慌张，就命人搜查小吏的全身，结果在小吏的头发里找到了一个铜钱，便问小吏铜钱是哪里来的。小吏觉得自己偷了一个铜钱根本不算什么，也没有隐瞒，大咧咧地回答道："是我从库房里拿的。"张咏一看小吏偷了钱还如此理直气壮，非常生气，下令让人将他拖出去，重打四十大板。

小吏很不服气，就大声喊道："我只不过偷了一个铜钱而已，你却要打我板子，有本事你杀了我啊。"

张咏一听，冷笑一声："你以为本官不敢？我这就满足你的愿望！"于是张咏拿起毛笔刷刷点点地写就了一份判决书："一天偷一个铜钱，一千天就是一千个铜钱；用绳子去锯木头，时间长了木头就会被锯断；小水滴不断地滴在石头上，石头总有一天会被滴穿。"念完判决书，张咏拿着宝剑亲手砍下了这个小吏的脑袋。然后，他把这件事报告给上级，上级认为对这样的"蛀虫"，就应该严厉地制裁，因此不但没有责怪张咏滥用刑罚，反而还嘉奖了他。

这个故事是下面哪个典故的出处？

A. 千里之堤，溃于蚁穴　　B. 绳锯木断，水滴石穿

C. 放虎归山，必留后患　　D. 小时偷针，长大偷金

19. 闻香识女婿

韩寿是三国时魏国司徒韩暨的曾孙，他不仅家世好、长得英俊，而且也很有才，年纪轻轻就做了贾充的属官。韩寿每次到贾充家做客的时候，贾充的小女儿贾午都会从窗格子里偷窥，贾午心里喜欢韩寿，便在唱歌的时候表现了出来。后来，贾午实在忍受不住相思之苦，就派婢女到了韩寿的家里，把自己的爱慕之意说了出来。韩寿听婢女说贾午长得艳丽夺目，美若天仙，也有些心猿意马，便托婢女暗中传递音信，双方约定日期，韩寿跳墙而入，与贾午幽会，贾家没有一个人能够察觉。

不久，贾充发觉女儿越发用心修饰打扮，心情欢畅，跟平常不太一样。后来贾充会见下属时，又闻到韩寿身上有一股奇特的香味——这种香料是外国的贡品，一旦沾到身上，几个月香味也不会消散。贾充一想，晋武帝只把这种香料赏赐给自己和陈骞，别人家根本没有这种香料，便怀疑韩寿和女儿私通，但是围墙重叠严密，门户严紧高大，韩寿从哪里进来的呢？于是贾充便以有小偷为借口，派人修理围墙。派去的人回来说："其他地方没有什么两样，只有东北角好像有人跨过的痕迹，但是围墙很高，一般人不可能跨过。"贾充就把女儿身边的婢女叫来审问，婢女把情况说了出来。贾充也没有声张这件事，很快就把女儿嫁给了韩寿。

这个故事为后人留下了一个典故，你知道是什么吗？

A．窃玉　　B．越墙　　C．偷香　　D．染香

20. 曹利用不辱使命

北宋真宗年间，辽国派大军攻打宋朝，宋真宗以及很多大臣都非常害怕，有人甚至提出了迁都的建议。宰相寇準坚决主张与辽军交战，并建议宋真宗亲自赶到前线，鼓励宋朝士兵勇敢作战，一些主战派的大臣也都纷纷支持寇準的提议。宋真宗没有办法，就按照寇準的意见，来到了宋辽交战的澶州城，宋军见皇帝亲临战场，一个个精神抖擞，在与辽军交战的过程中杀死了辽军的主帅。辽军群龙无首，不敢继续进攻，寇準劝宋真宗继续攻打辽军，但宋真宗非常软弱，他看到取得了胜利，便决定派大臣曹利用到辽军大营与辽人谈判。

曹利用也是个坚定的主战派，但君命难违，所以便开始为谈判做准备。临走之前，宋真宗把他叫到面前，对他说："只要辽国肯退兵，即使每年给他们一百万钱财我也同

意。”哪知曹利用刚从皇宫出来，就被寇準拦住了，寇準对曹利用说：“皇帝虽然答应可以给辽国一百万，但如果最后的结果超过了三十万，我就砍了你的脑袋。”曹利用听了以后，点了点头，说：“我知道该怎么办。”

曹利用到了辽军大营以后，坚决地拒绝了辽人的无理要求，并且据理力争，最终使辽人答应退兵，而宋朝每年则给辽国绢二十万匹，白银十万两。

曹利用向真宗复命，真宗一边吃饭，一边问曹利用答应给辽国多少钱，曹利用伸出了三个手指头，宋真宗以为是三百万，饭也吃不下去了，自言自语地说：“三百万，太多了。”过了一会儿，他又说道：“如果真的能让辽国退兵，三百万就三百万吧！”这时，曹利用赶紧上前，把谈判的经过和结果告诉了宋真宗，宋真宗听了以后非常高兴，当即重赏了曹利用。

这段故事与宋朝历史上一个重要事件有关，请问是下面哪一项？

A. 幽州之战　　B. 澶渊之盟　　C. 靖康之变　　D. 开禧北伐

21. 欧阳修和苏轼的师生情

北宋时期，欧阳修与苏轼先后成为文坛之主，对苏轼来说，欧阳修既是自己的老师，同时也是一位好朋友，可以说，苏轼之所以能够成为一代文学大家，除了他自身的才学之外，也离不开欧阳修的帮助。

苏轼在参加科举考试的时候，写了一篇《刑赏忠厚之至论》，当时的主考官就是欧阳修。欧阳修看到这篇文章以后，忍不住拍案叫绝，因为卷子是糊名的，欧阳修不知道作者是谁，所以他以为这篇文章是自己的学生曾巩写的，有心把这篇文章评为第一名，恐怕别人会说闲话，因此就把这篇文章列为第二名。哪知道考试结果公布以后，第一名居然还是曾巩，欧阳修这才知道自己弄错了，他觉得自己很对不起苏轼，因此当苏轼执门生礼来拜望他的时候，欧阳修十分诚恳地向苏轼道了歉，苏轼毫不在意，反而再三向欧阳修表示感谢。

欧阳修见苏轼不仅很有才华，而且为人宽厚，对苏轼更加喜欢。有一次，他在给好朋友梅尧臣写的信中这样说道：“读苏轼的文章，不禁让我汗颜，写得太好了！我应当给苏轼让开道路，让他高出我一头（老夫当避路，放他出一头地也）。”这番话很快就传了出去，一些读书人听了以后都很不服气：京城里这样多的人才，难道比不上一个初出茅庐的毛头小子？后来，当大家读了苏轼那些才华横溢的文章之后，才终于心服口服。

这段故事解释了一个成语的来源，你知道是哪一个吗？

A. 弄巧成拙　　B. 无心之失　　C. 宽宏大量　　D. 出人头地

22. 后宫也有军训

春秋时，孙武带着自己所写的兵法去拜见吴王阖闾。吴王看过之后对孙武说："你的兵法写得不错，不知道实战有没有效果，您能把我的军队训练成精锐之师吗？"孙武说："可以"。吴王又问："女子也可以训练吗？"孙武也说可以。于是吴王从后宫中召集了一百八十名美女，请孙武来训练。

孙武把她们分成两队，由吴王最宠爱的两位美姬担任队长。队伍站好之后，孙武便问道："你们知道怎样向前、向后、向左、向右转吗？"众女说："知道。"孙武再说："向前就看我的前胸；向左就看我的左手；向右就看我的右手；向后就看我的后背。"众女说："明白了。"于是孙武命人搬出铁钺（古时杀人用的刑具），再次向她们申戒。说完以后，便命人击鼓，发出向右转的号令，哪知道众女不但没有按照命令行事，反而哈哈大笑。孙武说："看来是我这当主将的没有说清楚。"于是又把刚才的话详细地讲解了一次，然后再次发出了向左转的号令。众女仍然大笑不已。

孙武说："命令交代清楚了，士兵们还不听令，那就惩罚队长。"说完就命左右随从把两个队长推出斩首。吴王见孙武要斩他的爱姬，急忙派人向孙武讲情，可是孙武说："我既受命为将军，将在军中，国君有些命令可以不接受！"于是坚持将两个队长斩首，接着就任命两位排头的美女为队长。这样一来，众女无论是向前向后，还是向左向右，甚至跪下、起立等复杂的动作也都非常认真地操练，再也不敢儿戏了。

不久，孙武向吴王报告说："军队已经操练完毕，请大王检阅。您可以随心所欲地指挥她们，即使是命令她们赴汤蹈火也不会违抗命令了。"吴王因为失去两个爱姬，正在痛心后悔，就没好气地说："你回去休息吧，我不想检阅了。"孙武叹息道："看来大王只是欣赏我的兵法理论，却不支持我实行啊！"

吴王回到宫里，气也消了，觉得孙武确实有卓越的军事才能，于是就任命他为大将，统率吴军攻打楚军，占领了楚国的郢都。吴国从此威震中原，成为崛起的东方霸主，连晋、齐等大国也甘拜下风。

这段历史为后人留下了一个成语，你知道是下面哪个吗？

A. 三令五申　　B. 令行禁止　　C. 执法如山　　D. 军法无情

23. 暴君也有“好运气”

说起暴君，人们首先会想到夏桀、商纣，这两个人都为自己的残暴付出了最沉重的代价——丧命、亡国。可以说，暴君基本上都没有什么好下场，但是周朝有这样一个暴君，他的运气可比桀、纣好多了，他就是周厉王。

周厉王统治时期，把国都里普通百姓赖以生存的产业都收归王室所有，使得老百姓生活变得异常艰难，一时间民怨四起，正直的大臣纷纷劝谏周厉王，可他不仅听不进去，反倒用更加严厉的手段对待百姓——他派人到卫国请来了很多巫师，让他们在镐京（周朝的都城）的大街小巷里来回乱窜，偷听百姓的谈话，凡是有人说一些对周厉王不满的话，立即就会被逮捕入狱或是处死。不久，镐京再也听不到批评厉王的声音了，再到后来，百姓们索性连话都不敢说了，亲戚朋友在路上遇见的时候，只是互相递个眼神。厉王觉得自己把百姓治理得服服帖帖，于是得意地对手下的大臣召公说：“你看，现在没人敢说我了吧？”

召公听了，对厉王说道：“想要堵住众人的嘴，简直比堵住一条奔流不息的大河还要困难。老百姓的嘴虽然被堵住了，但他们心里的怨气却更大了。把河水拦腰堵住，一旦河水涨到了一定程度，便会冲开一个大口子，到那时会有更多的人受到伤害。”厉王对召公的话根本不理，结果国都的百姓终于忍不住起来反抗，把周厉王赶跑了。

为什么周厉王运气比桀、纣要好呢？因为他只是被赶跑了，并没有被杀死或被逼自杀，周朝也没有因此灭亡。

上面这个故事中没有涉及到的典故是下面的哪一项呢？

A. 防民之口，甚于防川　　B. 道路以目

C. 官逼民反　　D. 国人暴动

24. 四知太守

清官难当，但也正因为难当，才会格外受到人们的敬重，东汉的杨震就是一个清正廉洁的好官，放到今天，不知要愧杀多少贪官！

话说杨震从荆州刺史调任东莱太守时，途中路过昌邑县，得到了昌邑县令王密的热情招待。原来，王密就是荆州人，杨震在荆州做刺史的时候，见王密是个可造之材，就向朝廷推举王密做官。所以，王密感激杨震、热情招待杨震也就不足为奇，但王密却

觉得这样并不足以报答杨震对自己的恩情。白天，王密十分恭敬地拜见了杨震，到了晚上，王密又带着十斤黄金，来到了杨震的住处，对杨震说道："我没有什么可以报答您的，这十斤黄金都是我这些年做官的俸禄攒下来的，就送给您做路费吧。"杨震一听就不高兴了，对王密说："我了解你这个人，但你却不了解我啊，黄金拿回去，我杨震从来不收礼。"

王密说："现在是晚上，四下无人，谁也不会知道这件事的。"杨震一听王密的话就更生气，他说："上天知道，神明知道，你知道，我也知道，怎么能说没人知道这件事呢？你赶快把钱拿走，否则我就上告朝廷，罢免你的官职。"王密听了以后，臊得满脸通红，带着黄金灰溜溜地离开了杨震的住处。后来，这件事被别人知道了，人们都称杨震为"四知太守"。

杨震不仅是一位清官，还是一位大学者、大教育家，他的学生有三千多人，又因为他的老家在函谷关以西（杨震是陕西华阴人），所以人们又尊称他为"关西孔子杨伯起"。

这段历史故事中的"四知"后来经常被人们引用，那么以下哪一项是人们最常用的呢？

A. 天知、神知、你知、我知　　B. 天知、地知、你知、我知

C. 上知、下知、你知、我知　　D. 天知、神知、人知、鬼知

25. 脑残皇帝欢乐多

三国时期，魏、蜀、吴三国鼎立，其中魏国的实力最强，但是曹操的子孙不争气，一代不如一代，魏国的大权便一步步旁落到了司马氏父子手中。

司马昭掌权时，为了树立个人权威，便派钟会、邓艾分兵两路攻打蜀国。蜀后主刘禅被称为"扶不起的阿斗"，懦弱无能就是他的代名词，难怪刘备白帝城托孤时会对诸葛亮说"若嗣子可辅，辅之；如其不才，君可自取"，估计也是对刘禅恨铁不成钢（其实岂止是恨铁不成钢，简直是烂泥扶不上墙）。刘禅见魏军已经攻到成都城外，吓得赶紧就投降了。就这样，刘禅被魏军押送到了魏国的首都洛阳，司马昭为了安抚蜀人，并没有杀刘禅，反而封他做了"安乐公"。但是，司马昭的心里多多少少还是有些怀疑刘禅是否真心臣服自己。一次，司马昭请刘禅和一些蜀国旧臣吃饭，席间命人跳起了蜀国舞蹈，那些蜀国旧臣一见蜀国舞蹈，便想起了自己的亡国之耻，全都流下了眼泪。唯独刘禅，不但没有丝毫难过的表情，反而高兴地手舞足蹈。这时，司马昭向刘禅问道："安乐公，是这里快乐，还是在蜀国快乐？"刘禅的眼睛只顾盯着那些跳舞的美女，哪

里还顾得上思考，他脱口而出："这里很快乐，我可不想回蜀国去了。"司马昭听了以后，对身边的人说："即便是让神机妙算的诸葛亮活到现在，恐怕也帮不了这位不知道廉耻的皇帝了。"从此以后，司马昭对刘禅完全放心，刘禅也因此得以善终。

这段文字是在讲述下面哪个历史典故？

A. 如鱼得水
B. 乐不思蜀
C. 司马昭之心，路人皆知
D. 蜀中无大将

26. 曹操与孙权的隔江对阵

公元208年，曹操率领二十万大军南下，扬言要"与将军（即孙权）会猎于吴"，但在赤壁之战中，曹操大败，狼狈逃回北方。不过，曹操并不是一个轻易认输的人，几年以后，曹操卷土重来，发誓要消灭孙权。

孙权知道这个消息以后，亲自带领七万人马来到濡须坞，严阵以待。两军相持了一个多月，这期间虽有交战，却没有分出胜负。一天，曹操来到前线，看到长江对面的孙权威风凛凛，对方的舟船、武器、士兵及部队的纪律整齐肃然，不由得叹息道："生儿子，就得生孙仲谋这样的；像刘表的儿子，那种人跟猪狗有什么区别呢？"

此时的曹操，早已没有了"老骥伏枥，志在千里"的雄心壮志，变得暮气沉沉，他深知，像东吴这些训练有素的军队，如果不是力拼苦战的话，很难取胜。但这样就又给了西蜀的刘备可乘之机，不如及早退兵，静待可乘之机。

过了几天，孙权派人给曹操送来一封信，信中说道："您一天不死，我一天不得安宁。"曹操看了以后，哈哈大笑，认为孙权说的是大实话，于是便下令退兵了。

这就是历史上有名的"濡须之战"，同时也为后人留下了一句名言，宋代著名豪放派词人辛弃疾还在他的名作《南乡子·登京口北固亭怀古》中引用过，你知道这句名言是什么吗？

A. 年少万兜鍪
B. 坐断东南战未休
C. 天下英雄谁敌手
D. 生子当如孙仲谋

27. 割地求和几时休

战国时期，魏国与秦国相邻，秦国的实力强大，经常欺负魏国，魏国的土地、财物、人口经常会大批大批地改姓“秦”。等到魏安釐王即位以后，秦国的进攻变得更加肆无忌惮，魏国接连遭受失败，把安釐王吓成了惊弓之鸟，每次只要一听到秦国要攻打魏国，就吓得要死。为了过上暂时的安稳日子，安釐王决定把魏国的一部分土地割让给秦国，希望这样可以使秦国不再攻打自己。

安釐王手下有个大臣名叫作苏代，他给安釐王讲了一个故事：有个人的家里着了火，人们劝他用水灭火，但是这个人不听，非要抱着柴草去救火，结果火越烧越大，最后把房子全都烧完了。讲完这个故事之后，苏代对安釐王说：“秦国人都很贪婪，如果我们把国土割让给他们，他们就会想得到更多的土地。这就和抱着柴草救火的道理是一样的，我们只要还有一寸土地，秦国就不会停止对魏国的战争。”

尽管苏代说的很有道理，但安釐王却不听，过了几十年，魏国就被秦国消灭了。

这个历史故事是下面哪个成语典故的出处?

A. 火上浇油　　B. 抱薪救火　　C. 饮鸩止渴　　D. 薪尽火传

28. 米芾大战蝗虫

米芾是北宋著名的书法家、画家，与苏轼、黄庭坚、蔡襄并称为“宋四家”，也许是米芾在艺术上的成就过于耀眼，所以米芾的为官史就被我们自动忽略了，但忽略不等于没有，米芾做官虽然谈不上政绩卓著，但他起码也算是个亲民、爱民的好官了。

米芾曾经在无为县做县令，有一段时间，这里闹起了蝗灾，凡是蝗虫经过的地方，庄稼全都被吃了，老百姓不知道该怎么办好，就全都来到县衙，求米芾想办法。米芾对大家说：“蝗虫吃我们的庄稼，我们就把它们赶走。”说完，米芾拿起一把扫帚，又告诉老百姓每人都回家去拿一把扫帚，然后到农田里去，大家一起赶蝗虫。就这样，全县的老百姓在米芾的带领下，一起扑打蝗虫，过了几天，无为县境内的蝗虫果然没有了。

可是，没过多长时间，邻县的县令就给米芾写了一封信，说米芾把蝗虫都赶到了他们县里，还说要向朝廷告米芾的状。米芾看了以后，毫不在意，直接在信的背面写了一首诗，然后把信送了回去，信的内容是：“蝗虫本天灾，不由人安排。若说吾赶去，请君送归来。”邻县县令看了信以后，简直哭笑不得，只说了两句“有趣、有趣”，也就不再跟米芾计较了。

米芾是一位艺术家，让他做官也许是在难为他，但他身上那种艺术家所独有的痴狂、率真，却让他在做官的时候展现出了几分幽默感。其实米芾是一个“疯狂”、“癫狂”的人，尤其是在他创作书法作品的时候，总是能够进入一种痴迷、癫狂的状态，从他的书法作品中，也能找到一股痴迷、癫狂之气，因此后人送给米芾一个外号，你知道叫什么吗？

A. 米癫　　B. 米狂　　C. 米疯　　D. 米痴

29. “贼光”闪闪的收藏家

老子英雄儿好汉，历史上很多杰出人物都把自己的优秀基因传给了下一代，“三曹”、“二王”、“三苏”等，莫不如此。其实，宋代除了“三苏”之外，还有一对父子堪称这方面的典型代表，只不过父亲的形象光芒万丈，儿子的形象虽然也闪光，却是“贼光”。他们就是米芾、米友仁父子。

米友仁自幼跟随父亲学习书法、绘画，长大后不但写得一手好字，更长于作画，他非常喜欢收藏古人的作品，但他所用的手段却令人极为鄙弃和不齿。

米友仁有一手绝活儿，就是书画造假，在这方面，他虽然不是史上第一人，但绝对可以算得上“史上最牛”。在涟水时，他曾经向人借了一幅“松牛图”拿回家描摹，后来他把真本留下，把自己临摹的版本还给了主人，那人当时没有觉察，过了好些天才来讨要原本。米友仁问他怎么看出来的，那人回答说：“真本中的眼睛里面，有牧童的影子；而你还我的这一幅却没有。”不过这只是米友仁偶尔一次“马失前蹄”，大多数情况下，他的摹本都不会被人发觉。他经常千方百计向人借古画描摹，等摹完以后，他便拿着摹本和真本一齐送给主人，请主人自己选择。由于他摹仿古画的技艺很精，摹本和真本几乎一模一样，主人往往把摹本当成真本收回去，米友仁便因此获得了许多名贵的真本古画。

因此，后人将他这种骗取别人真本古画的行为，总结成了一个成语，你知道是下列哪一个吗？

A. 偷天换日　　B. 李代桃僵　　C. 移花接木　　D. 巧取豪夺

30. 士人那点儿脾气

战国时期盛行“养士”之风，但凡是有实力、有抱负的国君、权臣，无不以尽可能多地收养门客为荣。这些门客中有的是招聘的，有的是自荐的，也有的是被别人推荐的；其中既有“智、勇、辩、力”之士，也有鸡鸣狗盗之徒；有的饱食终日，无所事事，也的确有不少高才秀士，积极为主人出谋划策，奔走游说，建功立业。在这股“养士”的潮流中，又以齐孟尝君、楚春申君、赵平原君和魏信陵君最为著名，他们被称为“战国四公子”。

信陵君为人忠厚、仁爱，对门客非常谦逊，他听说大梁城门有个七十多岁的守门人，名叫侯嬴，是一位贤人，于是便派手下人带着金银财宝去请他，让信陵君没想到的是侯嬴居然拒绝前来。

信陵君觉得肯定是手下人怠慢了侯嬴，于是决定亲自去请。一天，信陵君大摆酒宴，款待宾客。宾客们都坐好了，信陵君却不见了，原来他带着车马随从，专门去请侯嬴。为了表示对侯嬴的尊重，他还把象征着尊贵的左边的座位给空着，留给侯嬴坐。侯嬴见信陵君亲自来请，也不推让，一屁股就坐在了马车左边的座位上。

走到半路，侯嬴又让信陵君停车，说：“菜市场有个卖肉的跟我是朋友，你载着我一起去看看他吧！”信陵君立即同意，亲自赶着车来到了菜市场。侯嬴这个朋友名叫朱亥，是一位有勇有谋的武士。侯嬴也不管信陵君着急不着急，站在那里跟朱亥谈笑风生。信陵君的随从都等得不耐烦了，但信陵君却恭恭敬敬地在旁边等候。大街上的男女老少都来围观，心里骂侯嬴真不识抬举，可是侯嬴却像个没事儿人一样。

总算到了信陵君府上，信陵君把侯嬴让到上座，并且在宾客面前极力称赞侯嬴。宾客们见等了半天就等来一个看门的老头，而且还坐了上座，心里都很不高兴。这时，侯嬴站起来对信陵君说道：“刚才我故意难为你，其实是想看看你是不是像人们说的那样。我不过是个看城门的老头，根本不配劳驾您亲自驾车去接，而公子却去接了。我故意让你载着我招摇过市，让人们围观，是想让人们都见识一下您的风采和品德。我那位朋友朱亥，是个有大本事的人，迟早能够帮助您。”侯嬴这番话说完，信陵君和他的宾客们都明白了他的苦心，于是都把侯嬴视为上宾。

真正有才能的士人，在主人面前摆一摆架子也是可以理解的，因为在主人最需要的时候，只有他们能够站出来，挽狂澜于既倒，扶大厦之将倾。后来，秦军包围了赵国的都城邯郸，赵国向魏国求救时，就是侯嬴和朱亥尽全力帮助信陵君解救了赵国。

这段故事是对下面哪个历史典故的阐述？

A. 礼贤下士　　B. 车马相迎　　C. 虚左以待　　D. 以礼相待

31. 殷浩的哑谜

魏晋时期名士辈出，不过这些名士身上通常都有一些非常矛盾的东西——表面上放荡不羁，内心深处却非常痛苦；表面上视功名富贵如浮云，内心深处却舍不得名利。前者如阮籍，后者如殷浩。

殷浩年轻的时候与东晋历史上著名的权臣桓温齐名，但殷浩一向自负，内心深处根本瞧不起粗豪的桓温，桓温也时常拿自己跟殷浩比较，有一次，桓温问殷浩："你我相比，谁更强一些呢？"殷浩说："我想了很长时间，我还是愿意跟我自己做比较（我与我周旋久，宁做我）。"言外之意是：你根本不配跟我比。

桓温当然会怀恨在心，晋穆帝永和九年（公元353年），殷浩以中军将军受命北伐，结果大败而回，桓温上疏请皇帝将殷浩废为庶人，殷浩心灰意冷，决定从此归隐山林，再不出仕。

殷浩的几个朋友得知他的想法之后，一起去探望他，但他说自己退隐的意愿已决。其中一个朋友就说："殷浩不出仕，老百姓们该怎么办呢！"

另一个人立即回答道："你们真的担心殷浩会不想再出来做官吗？殷浩在家闲来无事就用手比比画画，像是在打哑谜，其实是在写字，有人沿着他的笔迹跟着写，发现居然是四个令人很吃惊的字……"你知道是哪四个字吗？

A. 咄咄怪事　　B. 奇哉怪也　　C. 韬光养晦　　D. 东山再起

32. 是真名士自风流

东晋时，武昌人孟嘉在太尉庾亮手下担任从事时，名气已经很大了。太傅褚裒一向以善于鉴别人物著称，有一次他路过武昌，去拜访自己的老朋友庾亮，一见庾亮的面就问道："听说你这儿有个孟从事，才华出众，今天在没在你这里？"庾亮说："在座诸位就有孟从事，你可以试着把他找出来。"褚裒观察了一会儿，指着一个人说道："这一位与众不同，难道就是孟嘉？"庾亮大笑着说："对。"庾亮既赞赏褚裒这种鉴识人才的本领，又为孟嘉得到褚裒的赏识而感到高兴。

后来，孟嘉在大将军桓温手下做了参军。有一年过重阳节，桓温按照惯例率领手下的幕僚到龙山登高、饮酒、赏菊。龙山又称八岭山，位于江陵西北，因山势蜿蜒宛若游龙而得名。众人饮酒正酣，忽然一阵山风吹过，把孟嘉头上戴的帽子吹落了，但孟嘉却像丝毫没有察觉一样，依然风度翩翩。桓温一见，想跟大家开个玩笑，于是就命孙盛作一篇关于孟嘉落帽的文章。孙盛把文章写完之后，对着众人念了一遍，孟嘉立即不假思索地也口诵了一篇文章，真可以说是出口成章，在座的人无不惊讶，对孟嘉的才思佩服得五体投地。孟嘉也被公认为气度宽宏、风流倜傥、潇洒儒雅之士。

孟嘉不愧是真正的名士，他将所谓的“魏晋风度”演绎得淋漓尽致，孟嘉落帽的故事也被很多后代诗人引用，下面哪两句诗用了这个典故?

A. 杜甫：扁舟不独如张翰，白帽还应似管宁。

B. 李白：醉看风落帽，舞爱有留人。

C. 杨万里：“插花醉照濂溪井，吹发慵登帽子峰。

D. 黄庭坚：拂帽村帘夸酒好，为君聊解一瓢尝。

33. 一次醉酒执法引发的惨案

身为国家公职人员，上班期间不得饮酒，更不能醉酒，似乎压根儿用不着解释。但是，从古至今，要酒不要命的“公务员”大有人在，譬如我们接下来要说的这位连名字都不知道的“灞陵亭尉”。

灞陵亭尉是这个故事的主角，但给他配戏的配角却是历史上著名的“飞将军”李广。在西汉诸多名将之中，李广战功卓著，资格也老，他在汉文帝时就做了将军；汉景帝时又帮助大将军周亚夫平定了七国之乱；汉武帝时，他被封为卫尉将军，经常与大将军卫青一道作战，也是他时运不济，虽然是三朝名将，却始终没有封侯，反而是一些后生晚辈后来居上，在爵位上超过了他。

有一段时间，李广因为作战不力被皇帝撤销了职务，只能赋闲在家，为了排解郁闷，便经常去山里打猎。有一次，他在打猎归来途中遇到了几个朋友，便和朋友喝酒聊天，直到很晚才回家。路过灞陵亭的时候，天已经很黑了，这时，故事的主角——灞陵亭尉出场了，这位廷尉一出场就是一副醉醺醺的样子，他大声训斥李广和他的随从，坚决不让他们通过。李广的随从对灞陵亭尉说：“这是以前的李将军。”哪知灞陵亭尉根本不把这位“以前的将军”放在眼里，骂骂咧咧地说道：“别说以前当过将军，就是现在当着将军也不能在夜间通过灞陵亭。”说完，他硬是把李广一行人扣留，直到第二天才放他们走。

灞陵亭尉以为自己威风了一把，也有了吹牛的资本，但李广可一直没忘记报仇雪耻。不久，匈奴的军队进攻汉朝，皇帝就让李广带着军队迎敌，李广请求皇帝让灞陵亭尉和自己一起去，皇帝答应了。灞陵亭尉还以为自己得了一份美差，哪知刚一到军营，李广就下令将他斩首。然后李广主动向皇帝自首，并说明了理由，皇帝也没有生气。可怜的灞陵亭尉就因为自己的一次醉酒执法惹来了杀身之祸。

下列选项中与这段故事无关的是哪一项？

A. 冯唐易老，李广难封。　　B. 年侵渐觉豪游少，官罢方知醉尉多

C. 一朝谢病逢醉尉，灞亭不识故将军　　D. 千秋邈矣独留我，百战归来再读书

34. “百行缺‘德’”的许允

古人云：“吾未见好德如好色者也！”

这话听起来感觉很虚伪有没有！

但是，这句话却实实在在地帮助一位丑女实现了“逆袭”。

三国时，魏国有位名士名叫许允，他的妻子姓阮，是另外一位大臣的女儿。直到迎娶阮氏的那天晚上，许允才算是见到了新娘的第一面，可当他把红盖头掀开一看，却发现阮氏简直就是个丑八怪，于是许允转身就离开了新房——与其和一个丑女洞房，倒不如跟宾客喝个痛快。

这时，许允的好朋友桓范来了，许允赶忙诉苦，桓范却劝说道：“既然阮家敢把这么丑的女儿嫁给你，说明这个女子一定有什么特别的地方，你应该去考察一番。”许允想了想，便再次来到新房，结果，他一看到阮氏那张脸，就忍不住又想逃走。阮氏知道这次放许允走了就再也无法挽回，于是死死地拉住了许允的袖子，许允赶紧挣扎，同时嘴里说道：“做妻子的，应该具有四种美德，你有几种呢？”阮氏说：“做妻子的应该具有正直的人品、温柔的语言、美丽的相貌和治家的才能，我只是没有美丽的容貌罢了。但是我听说读书人应该具备一百种美好的品行，不知道您具备几种呢？”许允说：“一百种品行我都具备。”阮氏听了以后微微冷笑，说：“一百种品行，排在第一位的就是德行，您只喜欢美色，却不喜欢德行，更谈不到‘好德如好色’，怎么还敢大言不惭地说自己具备一百种品行呢？”许允听后先是大吃一惊，继而哑口无言。后来夫妻俩相敬如宾，琴瑟和谐。

“吾未见好德如好色者也！”这是哪位古人说的？

A. 老子　　B. 孔子　　C. 孟子　　D. 韩非

35. 不靠谱皇帝之“其实我是一个演员”

中国历史上出过很多位不靠谱的皇帝，何谓不靠谱？身为皇帝，不做皇帝这个本职工作，却整天琢磨其他事情的，都属不靠谱。

这个不靠谱皇帝的名单可以拉得很长，这里说说后唐庄宗李存勖。

李存勖是五代后唐的建立者，他的父亲就是大名鼎鼎的李克用。李克用临死前，交给李存勖三支箭，让他务必完成自己的三个遗愿：灭后梁、杀燕王、平契丹。后来，李存勖基本上完成了父亲的遗愿，自己也做了皇帝。做了皇帝之后，李存勖最大的爱好就是看戏和演戏，他常常面涂粉墨，穿上戏装，登台表演，还给自己取了个艺名。

李存勖的皇后姓刘，刘皇后出身贫苦，父亲是个医生，整天背着药箱子给别人看病，人们都叫他“刘山人”。在刘皇后五岁时，就因为战乱跟父亲失散了。后来，刘山人不知怎么听说女儿当了皇后，就跑来相认，但是刘皇后怕被别人笑话自己出身不好，便不想与刘山人相认，就让卫士把他赶走了。

一天，刘皇后正在睡午觉，半睡半醒之间，就听见有人喊：“刘山人来看女儿啦。”刘皇后睡得迷迷糊糊，睁眼一看，就看见窗前站着一个穿得破破烂烂的老头，背着一个药箱，旁边还跟着一个小孩子。那个老头正是以前曾经来找过自己的刘山人。刘皇后又气又急，说道：“你怎么又来了？”

刘山人说：“女儿现在当了皇后，为什么不认自己的父亲了呢？”说完，刘山人便大声地笑了起来，旁边的小童子也跟着笑了起来。刘皇后觉得有些奇怪，仔细一看，原来这个“刘山人”是李存勖假扮的，旁边的小童子竟然是自己的儿子。只是两个人装扮得很像，刘皇后一时没有认出来。

原来，李存勖见刘皇后不愿与父亲相认，就特意扮成刘山人的样子，想跟她开个玩笑。刘皇后十分生气，但又不敢得罪皇帝，只好拿自己的儿子出气，她一把扯掉儿子身上的破衣服，把李存勖和儿子推出了门外。

历史上爱看戏、爱演戏的皇帝不少，戏曲界供奉的祖师是唐玄宗李隆基，但李存勖与唐玄宗相比，简直是有过之而无不及，前面我们说李存勖还给自己起了个艺名，你知道他叫什么吗？

A. 李天君　　B. 李天王　　C. 李天下　　D. 李天子

36. 勇闯金营擒叛徒

一提到辛弃疾，人们总会想到他那些沉郁雄浑的词作。不过，在辛弃疾看来，写词只是自己的业余爱好，他真正在意的，是带领军队，讨伐北方的金国，收复被金人占领的国土。但是，南宋政府软弱无能，不敢和金国交战，同时又对辛弃疾这样的北方人处处防范，因此，辛弃疾一生都没有实现收复失地的愿望，他老了以后，经常会怀念自己年轻时在北方地区率领起义军抗击金兵的经历，其中最让辛弃疾感到得意的，就是他活捉叛徒张安国的那一次。

当时，辛弃疾只有二十多岁，起义军的首领耿京派他到南宋都城临安去拜见宋高宗，请求宋高宗派出军队，与起义军联手，共同消灭金国。辛弃疾圆满地完成了任务，准备回到北方，与起义军并肩作战。但是，就在回去的路上，辛弃疾听到了一个令人震惊的消息：有个名叫张安国的叛徒，趁着辛弃疾不在，杀害了耿京，投降了金国。辛弃疾赶紧回到军营，这时，起义军因为没有首领，很多人都已经逃跑了。辛弃疾气愤地说："我一定要活捉张安国，为耿京报仇。"

当天晚上，辛弃疾挑选了五十名勇士，他们骑着马，背着弓箭，手里拿着武器，迅速地冲进了金兵的大营。当时金兵大营里有五万人，张安国正与几个金国将领喝酒，他怎么也没有想到辛弃疾居然敢带着五十人冲进来。不光张安国没想到，在营门口站岗的士兵也没有想到，因为当辛弃疾带着人冲进军营的时候，他们全都吓傻了。

辛弃疾和那五十名勇士冲进营帐，杀死了那几个金国将领，活捉了张安国，然后，五十一匹骏马像旋风一样冲出了金兵的大营。直到这时，那些被吓傻了的金兵才反应过来，他们赶紧骑马追赶，辛弃疾手下那五十名勇士拿起弓箭，一边撤退，一边放箭，金兵不敢再追。

后来，辛弃疾把张安国一直押解到南宋京城临安，当众处死了他，为耿京报了仇。

这一年，辛弃疾只有二十三岁。

南渡之后的辛弃疾，英雄无用武之地，只能通过填词来排遣胸中块垒，下面的词句都是从辛弃疾词作摘录的，其中哪一项是辛弃疾对自己活捉叛徒的回忆？

A. 想当年，金戈铁马，气吞万里如虎

B. 醉里挑灯看剑，梦回吹角连营

C. 壮岁旌旗拥万夫，锦襜突骑渡江初

D. 年少万兜鍪，坐断东南战未休

37. 生死承诺

春秋时期，吴国有位名士叫季札，有一次，季札奉命出使列国。中途经过徐国时，受到了徐国国君的热情款待。两人惺惺相惜，成为知己。

几天后，季札要离开徐国继续自己的使命，徐国国君设宴为季札送行。为表示感谢，季札抽出佩剑，一来是舞剑助兴，二来是对徐国国君表示感谢。

季札的剑锻造得非常精美，而且锋利无比，徐国国君两眼放光，禁不住连声称赞："好剑！好剑！"季札见徐国国君非常喜欢这把宝剑，便想将这把剑送给徐国国君做纪念。可是，这把剑是国君赐给他的，是他作为吴国使节的信物，怎么能送给别人呢？

徐国国君心里也明白季札的难处，尽管自己十分喜欢这把宝剑，却始终没有开口，以免让季札为难。季札对徐国国君的体谅非常感激，于是在心里许下诺言：等自己出使列国归来时，便将这把宝剑送给徐国国君。

几个月后，季札完成使命，踏上归途。一到徐国，他顾不得旅途的劳累，直接去找徐国国君。然而，令人没有想到的是，徐国国君不久前已经去世了。

季札怀着沉痛的心情来到徐国国君的墓前，将宝剑解下，然后郑重地把剑挂到了墓前的松树上。跟在一旁的随从不解地问："大人，徐国国君已经去世了，你把剑送给他，他也看不到，你这么做有什么用呢？"季札说："在离开徐国之前，我已经在心里许下诺言，要将这把剑送给徐君。从那时起，这把剑已经不属于我了。这段时间以来，我只不过是借用，现在是来把剑还给徐君罢了。"

这段历史故事后来衍生出一个人们常用的成语，你知道是下列哪一个吗？

A. 一诺千金　　B. 言出必行　　C. 季札挂剑　　D. 士为知己者死

38. 卖油翁也是"扫地僧"

很多人都热衷于讨论金庸武侠小说中哪个人物的武功最高，估计有一大半的人会将选票投给《天龙八部》中在少林寺藏经阁扫了几十年地的那位无名老僧。由于金庸武侠小说的深远影响，"扫地僧"也成了一些深藏不露的高手的代名词。在宋代，就有这样一位"扫地僧"，其实他是一个卖油翁。

要说卖油翁，先说陈尧咨。

陈尧咨是北宋年间的翰林学士、武信军节度使，他年轻时自认为箭法高超，非常骄傲，甚至还给自己起了个绰号“小由基”（春秋时楚国有位神箭手养由基）。一天，陈尧咨正在练习射箭，这位卖油翁正巧担着两担油路过，于是便放下担子站在一旁观看。陈尧咨射了十箭，有八九次都中靶了，卖油翁便微微点头，一副“孺子可教”的表情。

陈尧咨有些不满，便问道：“老人家，你也懂得射箭吗？你觉得我射得怎么样？”

卖油翁撇撇嘴：“没什么了不起，只不过手熟罢了。”

陈尧咨很生气地说：“你敢小看我？”

卖油翁没有搭理他，只是不慌不忙地从油担子里取出一个油葫芦放在地上，又在葫芦口上盖了一枚铜钱，然后老翁舀了一勺油，开始往下倒，油连成了一条细线，直接穿过铜钱的小孔，进入了葫芦里，而那枚铜钱上居然一点油星都没有沾上。陈尧咨惊叹不已，老人对他说道：“我这点儿技术也不值得一提，只不过是手熟罢了。”

这个故事是哪个成语的来源？

A. 熟能生巧　　B. 八九不离十

C. 一语中的　　D. 卖油教射

39. 偏心的母亲

中国人有着偏爱小儿子的“优良”传统，《战国策》里面有一篇名叫《触龙说赵太后》，说的就是赵太后舍不得让小儿子到齐国做人质的事。但是，在赵太后几百年之前，就有一位这样的母亲，她对小儿子的偏爱比赵太后还要过分。

她叫武姜，是春秋时期郑武公的夫人。武姜生了两个儿子，大儿子郑庄公，小儿子共叔段。武姜在生庄公的时候遭遇难产，遭受了很大的痛苦，因此一直不喜欢郑庄公，总想让小儿子共叔段继承王位。但庄公是长子，理所当然要继承王位。于是武姜请求庄公把制城赏赐给共叔段，庄公虽然没有答应，却将更为富庶的“京”城赏赐给了共叔段。但是武姜还不满足，不断要求庄公赏赐给共叔段更多的封地，而且母子俩还密谋夺取郑国国君之位，把庄公赶下台。大臣们纷纷向庄公进谏，说“天无二日，国无二君”，共叔段野心勃勃，还是及早剿灭为好。庄公说：“坏事干得多了，就会自取灭亡。你们等着瞧吧！”

不久，共叔段果然发动了叛乱，但郑庄公早有准备，共叔段大败，走投无路之后，只好自杀。至于武姜，庄公曾一度想与她断绝母子关系，但最后还是亲情占了上风，武姜也终于认识到了自己的错误，真诚地向庄公道了歉。

这段历史故事给我们留下了一个成语，是下列哪一个呢？

A. 作恶多端　　B. 惩前毖后　　C. 恶有恶报　　D. 多行不义必自毙

40. 被谁俘虏不是俘虏

春秋时期，楚国出兵攻打郑国。楚国当时是强国，而郑国是弱国，双方实力悬殊，战争从一开始就失去了悬念。最后的结果自然是郑国战败，甚至连郑国国君都被楚国大将穿封戌俘虏了。

战争结束后，楚王的弟弟公子围想冒认功劳，便说郑国国君是由他俘获的，但穿封戌不干，于是二人便发生了争执，双方谁都不肯让步，一时也没有什么办法来解决。后来，他们请伯州犁做公证人，判定这是谁的功劳。

伯州犁想出了一个自认为很完美的解决办法——问问被俘的郑国国君："到底是谁俘虏你的？"于是，伯州犁命人把郑国国君带上来，向他说明了原委，然后伸出两根手指，一根手指向上，代表楚王的弟弟公子围；一根手指向下，代表大将穿封戌。伯州犁问郑国国君是被谁俘获的。郑国国君因为被穿封戌俘虏，很是恨他，便指着向上的手指，表示自己是被公子围俘虏的。于是，伯州犁将功劳算在了公子围的身上。

后来，人们从这段历史中引申出了一个成语，比喻玩弄手法、串通作弊、颠倒是非的意思。你知道这个成语是下面哪一个吗？

A. 颠倒黑白　　B. 混淆是非

C. 上下其手　　D. 翻手为云，覆手为雨

41. 良言难劝该死鬼

枚乘是汉代著名的文学家，汉景帝时，他在吴王刘濞府上担任郎中一职。

吴王刘濞对汉室江山觊觎已久，一直想伺机作乱。汉景帝起用晁错为御史大夫，正式推行"削藩"政策，刘濞觉得自己的机会来了，于是暗中与楚、赵、胶西、胶东等诸侯国结盟，策划谋反。

枚乘得知此事后，连忙给刘濞写了一封信，劝刘濞不要谋反。枚乘在文中说，如果吴王能够听取他的意见，就一定会平安无事，但是吴王若果真做出谋反之事，就会连现在的地位都保不住。即使现在吴王刘濞已经做好谋反的打算，如果能够听从他的意见，

“及时改变自己的想法，这其实并不困难，就像翻动一下手掌那么容易，但是却能够让自己的地位变得像泰山一样安稳而不可动摇。”

可是，刘濞并没有采纳枚乘的意见，无奈之下，枚乘只能另投明主。而这边，刘濞已经联合其他诸侯以“清君侧、杀晁错”为名，起兵叛乱。这就是西汉历史上著名的“七国之乱”。

汉景帝误信小人谗言，将晁错处死，并且向诸侯们表示歉意。本应该见好就收，可是刘濞一行人丝毫没有停止的意思，枚乘又上书《上书重谏吴王》，劝刘濞罢兵，但他仍然没有适可而止。不久，汉景帝派兵将叛军打败，参与叛乱的刘濞也在逃亡中被杀。这场叛乱仅三个月就以彻底失败而收场。

这段故事是下面哪个成语的出处？

A. 狼子野心　　B. 安如泰山　　C. 易如反掌　　D. 执迷不悟

42. 朝中有人好做官

隋唐时，读书人需要经过层层的考试才能做官。唐僖宗在位时，有一年要在都城长安举行考试，各地读书人纷纷前来应考。十年寒窗，一举成名，所以书生们都攒足了志气，希望自己能够在这次考试中脱颖而出，谋取个一官半职，也不枉读书人的称谓。

在众多的考生当中，有一个名叫崔瀣的人书读得很好，考试时一蹴而就，认为自己这次肯定能够考取功名。果然，这次考试的主考官在批阅试卷的过程中，对崔瀣大加赞赏，认为他是不可多得的人才，于是大笔一挥，将崔瀣录取了。发榜那天，各地学子纷纷赶来，崔瀣也挤在人群当中，看见自己确实榜上有名，非常高兴。按照老规矩，金榜题名的读书人都要去拜会当时的主考官，算是主考官的门生。于是，成绩发下后，被录取的门生们商量好要一起去拜访恩师，崔瀣也在其中。主考官得知崔瀣是自己的门生，非常高兴，因为他姓崔名沆，说起来与崔瀣乃是同宗，这可真是无巧不成书了。当天，崔瀣夜宿考官家里，与考官相谈甚欢。后来，人们便根据这段故事创造出了一个成语，你知道是下列哪一个吗？

A. 弹冠相庆　　B. 一举得中　　C. 沆瀣一气　　D. 狼狈为奸

43. 识时务者为俊杰

秦朝末年，秦二世继续执行始皇的暴政，在严刑峻法之下，老百姓怨声载道、苦不堪言。这时，陈胜、吴广勇敢地站出来，带领农民在大泽乡揭竿而起，各地百姓随后也纷纷响应。东阳县有个名叫陈婴的狱吏，他在县里一直都有很高的威望，也得到了东阳百姓的爱戴。东阳百姓见全国都掀起了起义反秦的浪潮，也在一起聚集了几千人，这些人杀死了东阳县令，正式宣布起义，并推举陈婴为起义军的首领。

附近的老百姓听说陈婴是这支起义军的首领，纷纷赶来参军。一时之间，仅仅东阳一个县的起义军就超过了二万人，这时，起义军又想拥立陈婴为王，同时为了表示自己和其他起义军有所区别，所有的士兵都把青色的头巾裹在头上，告诉别人他们是一支刚刚兴起的义师。

就在陈婴犹豫不决，不知是否该接受这样的称号时，他的母亲说："自打我嫁到陈家开始，从来就没听说过你们陈家的祖先有什么大富大贵之人，如今你的名气一下子变得这么大，我觉得并不是什么好兆头。你还是带领大家归顺什么人吧，那样将来如果起义真的成功了，你也可封个侯爵。万一起义失败了，也不会有人把责任推到你身上。"

陈婴听了母亲的话以后豁然开朗，他对自己的部下说："项梁是楚将项燕的儿子，一直以来都以仁义闻名。将来带兵灭亡秦国的，一定是项氏。所以我决定带领大家归附于他。"恰好项梁在此时率兵过江，陈婴便带领起义军归顺了项梁。

项梁、项羽死后，陈婴又归顺刘邦，最后果然如他母亲所言，陈婴被封了侯。

上面这段故事是我们今天常用的一个成语的出处，你知道这个成语吗？

A. 后来居上　　B. 异军突起　　C. 别开生面　　D. 方兴未艾

44. 三国，不止一个诸葛亮

三国时，曹操与袁绍在官渡展开一场大战，最后，曹操书写了战争史上一次以弱胜强的著名战例。不久，袁绍病死，袁绍的长子袁谭也被杀死。但是，袁绍的另外两个儿子袁尚、袁熙却侥幸逃脱，归顺了辽河流域的乌丸族首领。乌丸族借机侵犯汉朝边境，四处抢夺，践踏庄稼，百姓饱受颠沛流离之苦。曹操十分恼火，便想出兵征讨乌丸，但有人提出了疑虑：出征后，一旦荆州的刘表派兵偷袭，那么曹操必将有家难回。

不过，并不是所有人都这么想，曹操手下的第一谋士郭嘉准确地分析了当前的形势："乌丸现在一定毫无防备。如果现在发动突袭，就一定能彻底解决后患，但是如果延误了战机，让逃跑的袁尚、袁熙重新恢复元气，再加上乌丸族的帮助，我们的处境就比较危险了。至于荆州刘表，主公大可放心。他只是一个光说不练的空谈家，此人嫉贤妒能，他知道自己不如刘备有实力，怕刘备喧宾夺主，所以他一定不会重用刘备的。那刘备是个机警之人，既然觉察到自己不被重用，自然也不肯为刘表多出一分力。所以，您尽管放心，迅速带兵讨伐乌丸以及袁氏余寇即可。"

于是，曹操迅速带兵讨伐。因为这是一个长途跋涉的远征，曹操带了很多军用物资。大军行进的速度很慢，见此情景，郭嘉又说："打仗拼的就是速度，谁的速度快，谁就能占据上风，如果一定要带着这么多的军用物资，不但很容易被敌军发现，而且还会让他们有充足的时间做准备。不如留下军用物资，轻装上阵，定可破敌。"

曹操觉得郭嘉言之有理，就留下军用物资加速行军，到达乌丸之地后，发现乌丸人果然毫无防范，一击即溃。乌丸首领被杀，袁尚、袁熙这两个余孽虽得以逃脱，却也被辽东太守公孙康杀死。所以说，三国时代并不是只有诸葛亮那么足智多谋，郭嘉的才智绝对不在诸葛亮之下，只不过郭嘉死得早，没有能够与诸葛亮一较高下。

这段历史故事是一个成语的出处，你知道是哪个成语吗？

A．兵贵神速　　B．速战速决　　C．猝不及防　　D．兵行诡道

45．淝水之战时的那些事儿

公元383年，前秦皇帝苻坚带领87万大军，浩浩荡荡地向江南挺进，准备消灭东晋，一统天下。晋国任命谢石、谢玄两名大将担任总指挥，带领8万精兵迎敌。苻坚得到这个消息后，非常高兴，认为即使秦军把马鞭投进长江，都可以使长江断流，秦军战胜晋军几乎是没有任何悬念的。

然而，意想不到的事情发生了，苻坚手下足足25万先锋部队竟然在洛涧遭到晋军偷袭，整个部队惨败，死伤上万人，伤亡惨重，甚至连大将也在这次偷袭中被晋军杀死。经过此事，秦军士气大减，士兵们个个惶惶不可终日，最后竟四处溃逃。得知此事以后，苻坚深感意外。他站在寿春城上，望着城外队伍齐整的晋军以及他们冲天的高昂士气，心里非常不安。又向北看去，只见八公山上的一草一木也如同晋军的士兵一样，如此，放眼望去，四处尽是晋军。苻坚大恐，回头对自己的弟弟说："晋军是多么强大的敌人啊！怎么能说他们兵力不足呢？"

出师不利，为了挽回战局，苻坚命令军队在淝水北岸布阵，准备凭借地理优势将晋军杀个片甲不留。但是，晋军将领谢玄却突然提出，要求秦军后退一些，以方便晋军渡河。苻坚大喜，认为秦军可以趁晋军渡河之际突然袭击，定能获胜。于是欣然下令，让秦军后退。

谁知，后退的命令一下，几十万秦军顿时乱作一团，他们本已胆战心惊，接到命令后更是觉得逃命要紧，于是四处逃散，苻坚还没有弄明白怎么回事，晋军已经渡水杀来了。苻坚身上中了一箭之后，落荒而逃。

逃跑的路上，苻坚听见风声和鹤的鸣叫声，都以为是晋军追来了，连休息一下都不敢，直到逃回北方才算安心。

与这段历史无关的成语是哪一个？

A. 投鞭断流　　B. 草木皆兵

C. 风声鹤唳　　D. 一意孤行

46. 怎么可以嘲笑胖子

东汉陈留人边韶，字孝先，为人见多识广，并且口才很好，也善于教导学生，凡是学生提出的问题，没有他回答不上来的。在他没有当官之前，曾经开坛讲学，他教过的学生有几百名。

边韶确实是一位好老师，但是，人非圣贤，总不能十全十美。他也有个毛病，就是爱打瞌睡，常常说睡着就睡着了。又因为他长得很胖，肚子很大，所以他在睡着的时候，样子十分有趣。

这天，边韶又在自己的座位上打起了瞌睡。学生们看见先生的这副模样，觉得十分可笑，就编了几句顺口溜来嘲笑他："边孝先，腹便便；懒读书，但欲眠。"如果换作别的老师，听见学生们如此取笑自己，一定会怒不可遏，但是边孝先却没有。他醒来之后，听见学生们的这个顺口溜，非但没有生气，还对学生们的"作品"进行了改编："边为姓，孝为字。腹便便，《五经》笥。但欲眠，思经事。寐与周公通梦，静与孔子同意。师而可嘲，出何典记？"这样一来，整个顺口溜的意思就全变了：边是我的姓，孝先是我的字，肚子大，因为装着四书五经。爱睡觉，是在思考四书五经的事。因为在睡梦中可以遇见周公旦，安静时可以与孔子心意相通。连老师都可以嘲笑，这规矩是出自哪家的经典啊？边韶用顺口溜的方式，不仅为自己解了围，还教会了学生尊敬老师。

这段有趣的小故事是下面哪个成语的出处？

A. 心宽体胖　　B. 满脑肥肠　　C. 大腹便便　　D. 肥头大耳

47. 公鸡中的战斗鸡是如何养成的

战国时期，除了战争以外，王公贵族们也有自己的业余爱好。当时最流行的一种娱乐活动就是斗鸡。很多贵族都热衷此道，齐王也不例外，是个狂热的斗鸡迷。为了在“齐桓公杯斗鸡大赛”中夺得冠军，齐王甚至专门请来了斗鸡训练专家纪渻子来帮助自己训练公鸡。

斗鸡的训练是一个长期的过程，但齐王是个急性子。纪渻子刚训练几天，齐王就派人前来询问，纪渻子说：“还没到时候，斗鸡现在一看见对手，就止不住兴奋，沉不住气。”

又过了几天，齐王再次派人前来询问，纪渻子说：“虽然看起来斗鸡现在不乱动了，但是实际上还不够沉稳，火候还没到。”

齐王实在耐不住性子，几天之后又派人来问。纪渻子捻着胡须说：“请转告齐王，斗鸡已经训练好了！”果然，在斗鸡比赛开始的时候，其他的鸡都活蹦乱跳、跃跃欲试，只有纪渻子训好的鸡，一动不动地站在那里，就像是木雕一样。其他的斗鸡见到它，竟然都吓得跑掉了，哪里还敢参加比赛。齐王用这只斗鸡参加比赛，果然获得了胜利。

这段故事是哪个成语的来历？

A. 瞠目结舌　　B. 目瞪口呆　　C. 稳如泰山　　D. 呆若木鸡

48. 有用的人才一个就足够

孟尝君门客三千，名满天下。但是他给门客的待遇却受到了一些人的非议。原来，孟尝君将门客分成了上、中、下三等，不同等级的人待遇不同，上等门客每天大鱼大肉，出行还有专车；中等门客每天吃鱼和蔬菜，但是没有专车；而下等门客每天只能吃蔬菜。这就导致了很多门客，尤其是下等门客的不满。

冯煖最初就被孟尝君当成下等门客对待，但冯煖很有办法，每当孟尝君从自己身边路过，就谈着剑铗唱道：“食无鱼啊食无鱼，出无车啊出无车！”孟尝君得知此事后，便命人为冯煖提供上等门客的待遇。

一次，孟尝君让冯煖去薛地收债，冯煖到了薛地以后，告诉当地人孟尝君不用他们还钱了，还将所有的借据一并烧毁，那些欠债的人欢呼雀跃，无不感恩戴德。冯煖用薛人的借据，为孟尝君买了个“义”的好名声，后来齐国国君罢黜了孟尝君的相位，无处可去的他却受到了薛地人的热烈欢迎。

孟尝君本来以为已经平安无事，但是冯煖对他说：“兔子为了自己的安全，要建造三个洞窟，您现在可以安心住在薛地，但是还应该再找两个藏身之所，那样，万一齐王想要杀你的时候，你才有地方躲啊。”随后，在冯煖的帮助下，梁惠王重金聘请孟尝君为相，薛地也建起了孟尝君的宗庙。齐王眼看孟尝君要为梁国效力，赶紧重新将他请回来官复原职。如此，冯煖才对孟尝君说：“三个洞窟已经都挖好了，您现在可以把枕头垫高，安然入睡了。”

这个故事有好几个成语的出处，那么哪个成语不是来自这个故事的呢？

A. 弹剑而歌　　B. 主动请缨

C. 狡兔三窟　　D. 高枕无忧

49. 春秋时期的一场“无间道”

春秋时期，齐国大夫崔杼与庆封谋杀了国君齐庄公，然后立庄公同父异母的弟弟为国君，即齐景公，景公即位后论功行赏，崔杼和庆封分别被封为右相和左相。

齐庄公死后，他的卫士卢蒲癸、王何逃到了晋国。卢蒲癸对庄公忠心耿耿，逃走之前，他对自己的弟弟卢蒲嫳说：“你一定要设法取得崔、庆两人的信任，然后看准时机，准许我回国，我们兄弟一起联手，为庄公报仇。”

弟弟卢蒲嫳时刻谨记哥哥的话，在哥哥逃亡晋国之后，他用尽办法，终于做了庆封的家臣，并且帮助庆封除去了崔杼，使庆氏独掌朝政大权。

后来，庆封的儿子庆舍接管了父亲的家业，庆舍对卢蒲嫳很是信任。于是，卢蒲嫳趁机将哥哥卢蒲癸接回国，并安排他在庆府担任了卫士，卢蒲癸的出色表现赢得了庆府上下的认可，庆舍更是将自己的女儿嫁给了卢蒲癸。从此，兄弟两人经常在庆府里秘密商量如何除掉庆氏。

一天，卢蒲癸和卢蒲嫳正在后花园密谋，恰好被卢蒲癸的妻子听见，在妻子的再三询问下，卢蒲癸终于说出了自己的真实意图，没想到妻子深明大义，决定帮助丈夫除去庆氏父子，卢蒲癸终于为庄公报了仇。

事后，有人不解卢蒲癸为什么会答应娶庆氏之女为妻，卢蒲癸回答说：“我有什么理由拒绝呢？这就像人们总是截取《诗经》中的某一章节一样，只不过是因为自己有需要罢了！”

这段历史故事是下面哪个成语的出处？

A. 大义灭亲　　B. 庆父不死，鲁难未已

C. 断章取义　　D. 兄弟齐心，其利断金

50. 爱记仇的马夫

公元前607年，郑国出兵攻打宋国。宋国任命大将华元统率大军抵御外侮。在当时，华元是宋国国内首屈一指的猛将，更是打退敌人的不二人选。华元虽然擅长打仗，但做事有时候却粗枝大叶，也正是因为这个原因，华元后来才沦为郑国的阶下囚。

两军开战之前，华元为了鼓舞宋军士气，决定杀羊并亲自分发羊肉，以此来犒劳将士。然而，人实在是太多了，华元在忙乱中竟然忘记分给自己的马夫羊斟一份。大家一起吃得不亦乐乎——华元更是一边吃一边对将士们做战前动员，大致意思就是说：在自己的带领下，在各位勇士的帮助下，宋国一定能够将郑军打得落花流水。羊斟在旁边一直默不作声，他希望华元能够想起自己，给自己一份羊肉，结果直到最后，华元都没有想起羊斟。因此，羊斟怀恨在心，发誓要报复华元。

到了两军交战的时候，羊斟驾着马车跟华元说：“分发羊肉的事情是你说了算，但是驾驭战车可就是我说了算，咱们各自做好自己的工作吧！”说完，还没等华元反应过来，羊斟就故意将华元的战车驾驶到郑军的阵地中去。就这样，宋国的一个堂堂主帅，被郑军轻易地活捉了。宋军失去主帅，阵脚大乱，因此也被郑军打得落花流水。

这段故事是下面哪个成语典故的出处？

A. 各行其是　　B. 各自为政　　C. 各自为战　　D. 各执一词

06 第六章

CHAPTER

中国历史常识速问速答

下面是一些关于中国历史的常识问题，请以尽可能快的速度作答，看看你能答对多少。

1. 四大发明之火药

火药始用于军事上是在什么时候？

A. 晋朝末年　B. 隋朝末年　C. 唐朝末年　D. 明朝末年

2. 名家作名句

“生当作人杰，死亦为鬼雄”是谁的名句？

A. 李清照　B. 辛弃疾　C. 苏轼　D. 岳飞

3. 都是美女惹的祸

周幽王烽火戏诸侯是为了谁？

A. 妲己　B. 褒姒　C. 杨玉环　D. 夏姬

4. 巾帼不让须眉

中国历史上史料可查的第一位女性统帅是谁？

A. 穆桂英　B. 花木兰　C. 妇好　D. 吕雉

5. 《史记》中记载的女人

司马迁所著的《史记·本纪》中，唯一一篇单独为女性所作的传记的主人公是谁？

A. 吕雉　B. 窦漪房　C. 上官凤儿　D. 王政君

6. 狂草名家

下面的人物中，哪位不是以狂草著称的？

A. 怀素　　B. 张旭　　C. 蔡京　　D. 罗树人

7. 明朝大人物

下面的人物中，哪位不是明朝时期的人物？

A. 袁崇焕　　B. 袁承志　　C. 汤和　　D. 蓝玉

8. 罗成的原型是谁

罗成是小说《隋唐演义》中虚构的人物，请问他的历史原型是谁？

A. 罗艺　　B. 罗通　　C. 罗从彦　　D. 罗士信

9. 少年汉武帝

汉武帝刘彻几岁登基为帝？

A. 八岁　　B. 九岁　　C. 十四岁　　D. 十六岁

10. 古代的学费

我国古代大思想家、大教育家孔子主张“有教无类”，意思是教育的对象应该不分高低贵贱和贫富差别，但为了养家糊口，孔子对他的学生还是收了一定的“学费”。他收的“学费”主要是？

A. 束脩　　B. 刀币　　C. 圜钱　　D. 竹简

11. 世界上最早的纸币

四川地区出现的“交子”是世界上最早的纸币，它出现于我国古代的哪一王朝？

A. 后唐　　B. 北宋　　C. 南宋　　D. 明朝

12. 中医诊病攻略

“望、闻、问、切”中国传统医学的主要诊查手段，这是我国古代的哪位名医所创造出来的？

A. 黄帝　　B. 扁鹊　　C. 华佗　　D. 张仲景

13. 皇帝之下有高官

中国现行最高官职除国家主席外，就是副主席了，那么汉朝时期的中国，除了皇帝以外,官职最高的官员被称为什么？

A. 令尹　　B. 丞相　　C. 大司马　　D. 大司空

14. 明朝皇帝那些事儿

明朝在位时间最长的皇帝是哪位？

A. 洪武帝朱元璋　　B. 永乐帝朱棣　　C. 嘉靖帝朱厚熜　　D. 万历帝朱翊钧

15. 运河开凿史

在开凿人工运河方面，中国始终是领先世界的，那你知道世界上建造最早和里程最长的人工运河分别是哪两条吗？

A. 京杭运河、灵渠　　B. 胥溪运河、京杭运河

C. 上塘河、胥溪运河　　D. 上塘河、灵渠

16. 古代好基友

古时称男子之间的同性恋行为为龙阳之癖，那么龙阳之癖这个故事出自于以下哪本书？

A. 《战国策》　　B. 《尚书》　　C. 《汉书》　　D. 《史记》

17. 姓氏有说道

对中国的姓氏，古时学者说："氏于国，则齐鲁秦吴；氏于谥，则文武成宣……氏于事，则巫卜陶匠。"由此类推，王、侯、公孙等姓氏应源自：

A. 族号　　B. 官名　　C. 邑名　　D. 爵号

18. 天完政权

在中国的某个历史时期，爆发了一次农民起义，其中一个义军首领建立了一个政权，国号天完，意思是把大元踩在脚下。那么，你知道天完的建立者是谁吗？

A. 徐寿辉　　B. 韩林儿　　C. 陈友谅　　D. 朱元璋

19. 帝王谥号是怎么回事

帝王的谥号主要是依据其生前的行为而定的，在下列各项中属于谥号的是哪项？

A. 汉武帝　　B. 秦始皇　　C. 唐太宗　　D. 清康熙帝

20. 宋朝最后一个皇帝

宋朝最后一位皇帝是年仅8岁的幼主赵昺，他的悲剧在于，他被元朝逼得走投无路，最终被手下的大臣背着跳海而死，你知道这个大臣是谁吗？

A. 陆秀夫　　B. 陆小凤　　C. 张世杰　　D. 张万载

21. 孔子著作知多少

下列儒家经典，不是由孔子编订、整理的是：

A. 《春秋》　　B. 《论语》　　C. 《诗》　　D. 《书》

22. 解读《三字经》

《三字经》中说："阉乱后，寇内讧。闯逆变，神器终。"下列解读不正确的是

A. 明朝中后期宦官专权，统治黑暗

B. 明朝末年农民起义不断

C. 李自成攻破北京，明朝灭亡

D. 倭寇与沿海奸商勾结，倭患愈演愈烈

23. 古人要避讳

中国古代有避讳制度，即避免使用本王朝帝王的名字。遇有相同的字时，必须改用其他字。下列各项属于这种情况的是哪一项？

A. 汉初改“相邦”为“相国”

B. 唐初改“内史省”为“中书省”

C. 北宋初改“昌南镇”为“景德镇”

D. 明初改“大都”为“北平”

24. 皇帝也要拜月亮

据《礼记》记载：“天子春朝日，秋夕月。朝日以朝，夕月以夕”（“夕月”即拜月）。这反映了古代帝王在春天祭日、秋天祭月的礼制。那么，中秋节祭月的典礼可能起源于哪一时期？

A. 先秦时期　　B. 秦汉时期　　C. 唐宋时期　　D. 辛亥革命时期

25. “金榜题名”是何时

在中国古代，考中进士就称金榜题名。那么，“金榜题名”相关的制度，究竟诞生于哪个朝代呢？

A. 隋朝　　B. 唐朝　　C. 北宋　　D. 明朝

26. 重阳节寓意深

九月九日是我国的传统节日重阳节，重阳节主要寓意是什么呢？

A. 祈祷姻缘美满　　B. 祭祀先祖先人　　C. 祝愿健康长寿　　D. 期盼合家团圆

27. 砸缸的司马光

司马光是一个小小年纪就知道砸缸能救人的好少年，长大后的他更是成就非凡，写下了很多著作，以下哪部著作不是司马光撰写的？

A. 《稽古录》　B. 《资治通鉴》　C. 《涑水记闻》　D. 《竹书纪年》

28. 死于变法的变法家

俗话说搬起石头砸自己的脚，下面几个变法家之中，死于自己制定的变法运动的是哪一位？

A. 商鞅　B. 孝文帝　C. 王安石　D. 康有为

29. “忧愤”之情

在当代历史学家开始研究情感因素对于历史发展进程的影响时，“忧愤”一词开始受到关注。那么，下列人物中符合“忧愤而死”这一研究主题的是哪一项？

A. 屈原　B. 胡亥　C. 李渊　D. 邓世昌

30. 驰名古今中外的水利工程

被联合国世界遗产委员会列入《世界遗产名录》的地方，将成为世界级的名胜，可接受“世界遗产基金”提供的援助，其有一个著名的水利工程，它为造就“天府之国”做出了巨大贡献，这个水利工程是下列哪一项？

A. 西门豹渠　B. 郑国渠　C. 都江堰　D. 芍陂

31. 死于“破釜沉舟”的人

破釜沉舟的故事大家都知道，主人公项羽在这一役中杀了谁？

A. 苏角　B. 张角　C. 章邯　D. 樊哙

32. “三藩之乱”都有谁

《鹿鼎记》中曾提到过康熙派兵镇压“三藩之乱”，那么“三藩之乱”中的“三藩”不包括？

A. 平西王吴三桂　　B. 平南王尚可喜

C. 靖南王耿精忠　　D. 定南王孔有德

33. 唐代科技成果

唐朝时期，我国最先进的国防科技成就是哪一项？

A. 曲辕犁的发明　　B. 实测地球子午线

C. 桥梁建造技术　　D. 火箭的使用

34. 御敌要塞为防谁

明朝朱元璋时期，在福建东山建立军事要塞铜山古城，其目的是防范敌寇，那么这项军事要塞防的是谁呢？

A. 葡萄牙殖民者　　B. 荷兰殖民者　　C. 清军　　D. 倭寇

35. 天下大势分久必合

我国历史上出现过多次分裂局面，也有不少大一统的王朝。那么，在下面几位历史人物中，在国家大一统这方面做出了重大贡献的都有谁？

①嬴政　　②杨坚　　③赵匡胤　　④忽必烈

A. ①②③　　B. ①②④　　C. ②③④　　D. ①②③④

36. 与西王母有个约会

在周朝的众多周天子中，有一位身有西游昆仑会王母的传说，这是哪一位周王？

A. 周文王姬昌　　B. 周武王姬发　　C. 周穆王姬满　　D. 周夷王姬燮

37. 乱世枭雄称谓多

三国时期最著名奸雄曹操当之无愧，那么下列哪个名字不是曹操的？

A. 曹阿瞒　　B. 曹吉利　　C. 曹孟德　　D. 曹小蛮

38. 科举选人才

科举制度是谁开创的？

A. 秦始皇嬴政　　B. 汉武帝刘彻

C. 隋文帝杨坚　　D. 唐高祖李渊

39. “临朝称制”的女人

在封建社会，男尊女卑，男人当皇帝，掌握政权，即使是皇后，要想参政也是不容易的。在古代，女人要掌握政权，就要“临朝称制”，即指后妃掌握政权。在中国历史上，第一个“临朝”的女人是谁？

A. 芈八子　　B. 吕雉　　C. 武则天　　D. 刘太后

40. 亡国之君的待遇

三国时期蜀国后主刘禅投降后，被魏帝曹奂封为安乐公，还闹出了一段乐不思蜀的故事，那么，你知道南唐后主李煜投降后，被宋太祖赵匡胤封了个什么爵位吗？

A. 违命公　　B. 违命侯　　C. 违命伯　　D. 违命男

41. 中国人写的外国史书

在中国佛教史的文献中，第一部由中国人记录的外国历史的书，是下列哪本书？

A. 《西游记》　　B. 《大唐西域记》

C. 《穆天子传》　　D. 《马可波罗行纪》

42. “假名”源自中国字

日本沿用至今的文字中的“片假名”是采用唐朝时中国楷书偏旁制成的，那么其中的“平假名”是仿制中国的哪种字体而来的？

A. 小篆　　B. 隶书　　C. 草书　　D. 行书

43. “百日维新”真有一百日吗

被称为“百日维新”的“戊戌变法”一共持续了几天？

A. 98天　　B. 100天　　C. 103天　　D. 105天

44. 神医扁鹊有真名

“讳疾忌医”中的男主角之一扁鹊的本名叫什么？

A. 秦越人　　B. 秦超人　　C. 秦异人　　D. 秦孝人

45. 中国版图史

中国历史朝代中版图最大的王朝是下列哪一个？

A. 秦朝　　B. 隋朝　　C. 元朝　　D. 明朝

46. 舶来品自古有之

烟草、番薯、玉米等农作物都是从国外引入中国的，它们是在哪个朝代引进的？

A. 唐朝　　B. 宋朝　　C. 明朝　　D. 清朝

47. 古典佳人要求高

古代对女性不仅有三从四德的要求，对女子的仪表仪态，也要求多多。“笑不露齿，行不摆裙”就是对女子仪容的两条标准，这两句话出自于哪本书呢？

A. 《女诫》　　B. 《内训》　　C. 《女论语》　　D. 《女范捷录》

48. “破釜沉舟”之战

项羽凭借“破釜沉舟”之计，战胜秦军，这次战争是下列选项中的哪次战役呢？

A. 官渡之战　　B. 淝水之战　　C. 牧野之战　　D. 巨鹿之战

49. 毛笔的发明者

“文房四宝”即笔、墨、纸、砚，是中国的传统书写工具，那么四宝之中的毛笔，相传是谁发明的？

A. 管仲　　B. 乐毅　　C. 蒙毅　　D. 蒙恬

50. 钱的单位不全是“元”

“贯”是古代钱的单位，那么“一贯”是多少铜钱？

A. 五十枚铜钱　　B. 一百枚铜钱

C. 五百枚铜钱　　D. 一千枚铜钱

51. 器物名称古今变化

“铜权”是一种古代常见的金属器物，它是某种计量装置的一部分，传到现代它被俗称为什么？

A. 格尺　　B. 秤砣　　C. 量角器　　D. 圆规

52. 追寻《桃花源记》

《桃花源记》是著名诗人陶渊明的代表作品之一，那么作者陶渊明生活的时代，是下列选项中的哪一个？

A. 魏晋时期　　B. 两晋之际　　C. 东晋南朝　　D. 隋朝时期

53. “草木”也是兵

成语“草木皆兵”反映的是下列哪个历史事件？

A. 淝水之战　B. 赤壁之战　C. 官渡之战　D. 长平之战

54. 另类兵家名人

成语“纸上谈兵”中的主角是谁的儿子？

A. 赵括　B. 赵奢　C. 廉颇　D. 白起

55. 软禁皇帝的大臣

梁武帝被谁软禁，饥渴而死？

A. 司马相如　B. 侯景　C. 诸葛亮　D. 李鸿章

56. 话说三国

下列哪次古代著名战役确立了三国鼎立局面？

A. 牧野之战　B. 官渡之战　C. 赤壁之战　D. 巨鹿之战

57. 兵家著作

我国现存最早的兵书是下列哪一部？

A. 《六韬》　B. 《吴子》

C. 《孙子兵法》　D. 《孙膑兵法》

58. 宋太祖政变

下列哪个政变是由赵匡胤发起的？

A. 陈桥兵变　B. 土木堡之变

C. 玄武门之变　D. 靖康之变

59. 讨伐高丽

史上著名的昏君隋炀帝杨广即位后，曾好几次去讨伐高丽（朝鲜半岛政权），就连后世的唐朝都在不断对高丽用兵，那么杨广一共讨伐过高丽几次？

A. 两次　　B. 三次　　C. 四次　　D. 五次

60. 元宋王朝交替

元朝统一天下后，元世祖忽必烈下令让宋朝的哪位皇帝到西藏出家？

A. 宋理宗赵昀　　B. 宋宁宗赵扩

C. 宋恭帝赵㬎　　D. 宋端宗赵昰

61. 郑克臧之死

《鹿鼎记》中的郑家二公子郑克塽给人留下了深刻的印象。他的父亲郑经（郑成功的儿子）死后，其爵位由长子郑克臧继承，但不久后不幸被杀，你知道郑克臧是被谁所杀的吗？

A. 冯锡范　　B. 陈近南　　C. 郑克塽　　D. 韦小宝

62. 唐朝公主

唐朝时期第一位和亲的女性是哪位公主？

A. 金城公主　　B. 文成公主　　C. 永乐公主　　D. 弘化公主

63. 元朝人民的等级划分

元朝将各族人民划分为四个等级，其中仅次于蒙古人的那个等级是什么？

A. 色目人　　B. 汉人

C. 南人　　D. 女真人

64. 荒唐皇帝

南朝宋明帝刘彧被前废帝刘子业戏称为什么王？

A. 猪王　　B. 猴王　　C. 猫王　　D. 驴王

65. 儿皇帝

“遗臭万年儿皇帝”指的是谁？

A. 石达开　　B. 石敬瑭　　C. 石勒　　D. 石重贵

66. 不愿封侯的大将

“封侯非我意，但愿海波平”，是谁的诗句？

A. 霍去病　　B. 岳飞　　C. 戚继光　　D. 袁崇焕

67. 《史记》是谁出版的

司马迁死后很多年，他的《史记》是由谁替他公之于世的？

A. 杨恽　　B. 杨辉　　C. 班固　　D. 陈寿

68. 北洋三杰

光绪二十五年（1899年），王士珍、段祺瑞和冯国璋三人被誉为北洋三杰，并且他们三人分别被比喻为三种动物，你知道分别是哪三种动物吗？

A. 龙、虎、豹　　B. 龙、狮、虎

C. 虎、狮、雕　　D. 雕、龙、鹰

69. 历史上的名女人

下列女文人中，所处年代最古老的是哪一个？

A. 蔡妍　　B. 李清照　　C. 上官婉儿　　D. 蔡琰

70. 记载神话的书

中国历史上的第一部神话集是？

A.《山海经》 B.《搜神记》 C.《海内经》 D.《蜀山剑侠传》

71. 策划靖难之役是兼职

靖难之役的主要策划者，是一个叫姚广孝的人，就是他煽动燕王朱棣起兵夺了自己侄子朱允炆的江山，你知道这个姚广孝的职业是什么吗？

A. 和尚 B. 道士 C. 喇嘛 D. 基督徒

72. 北宋皇帝知几人

北宋共经历几个皇帝？

A. 8个 B. 9个 C. 10个 D. 11个

73. 三国话曹操

扫荡马超等西凉豪杰，巩固了后方势力，曹操真正意义上统一北方的是哪场战役？

A. 官渡之战 B. 虎牢关之战 C. 潼关之战 D. 赤壁之战

74. 最早的货币

我国最早的货币是下列哪一种？

A. 海贝 B. 鱼干 C. 坚果 D. 石块

75. “三宝”都有哪三宝

人们常说“无事不登三宝殿”，这里的“三宝”指的是哪个选项中的“三宝”？

A. 金、银、玉 B、书. 剑、琴 C. 纸、砚、笔 D. 佛、法、僧

76. 豪迈宋词

著名诗句“三十功名尘与土，八千里路云和月”出自谁手？

A. 辛弃疾　　B. 岳飞　　C. 李白　　D. 苏轼

77. 名曲动知音

俞伯牙和钟子期的知音故事被传唱了两千多年，他们是因下列哪首乐曲而成为知音的？

A. 《阳关三叠》　　B. 《广陵散》　　C. 《笑傲江湖》　　D. 《高山流水》

78. 《红楼梦》的别名

我国四大名著之一的《红楼梦》又名什么？

A. 《猪头记》　　B. 《石头记》　　C. 《馒头记》　　D. 《芋头记》

79. 《桃花源记》典故多

下列典故中，不是出自于陶渊明的《桃花源记》的是哪一个？

A. 不足为道　　B. 与世隔绝　　C. 无人问津　　D. 朝三暮四

80. 岳飞身死之地

中国历史上抗金名将岳飞被害于下列哪个地方？

A. 汉寿亭　　B. 风波亭　　C. 泗水亭　　D. 解剑亭

81. 元朝开国皇帝

元朝的建立者是谁？

A. 拖雷　　B. 哲别　　C. 忽必烈　　D. 成吉思汗

82. 书法家之死

著名的唐代书法家颜真卿与柳公权并称“颜筋柳骨”，颜真卿从政后，遭宰相卢杞陷害，最终被谁所杀？

A．卢杞　　B．李希烈　　C．陈仙奇　　D．安禄山

83. “百日皇帝”李自成

史上著名的“百日皇帝”李自成起义之初，为了得到广大农民拥护，提出了什么口号？

A. 均田免粮　　B. 天朝田亩制度　　C. 打土豪分田地　　D. 均田免税

84. 文字变化多

汉字有数千年的历史，由最早的甲骨文逐渐发展演变成为今天人们所使用的汉字形式。在古时，有一种文字叫作“金文”，“金文”是什么样的文字呢？

A. 宋朝时女真族使用的文字，因女真族建立金国而得名

B. 现在满族文字的别称，因努尔哈赤建立后金而得名

C. 古时铸在青铜鼎上的文字，也叫铭文、钟鼎文

D. 古时泛指少数民族的文字

85. 郑和下西洋

公元1405年到公元1433年的近30年间，郑和率领的船队先后几次下西洋？

A. 3　　B. 5　　C. 6　　D. 7

86. 著名陶器唐三彩

唐三彩是一种流行于唐代的陶器，是低温彩釉陶器的总称。唐三彩这种陶器与一般的陶器不同，具有一种极特殊的作用，那么唐三彩到底是用来做什么的？

A. 是贵重的装饰品

B. 只有皇帝才能使用的器物

C. 是一种礼器，只在祭祀时使用

D. 是唐代非常流行的陪葬品

87. 功臣也要排名次

唐朝初期，皇帝为了表彰和纪念功臣，特意命人将其24个功臣的画像置于凌烟阁其中，你知道这24功臣中谁居末席吗？

A. 秦琼　B. 尉迟恭　C. 徐茂公　D. 李靖

88. 和氏璧的发现者

史上最著名传国玉玺，莫过于和氏璧了，“完璧归赵”的故事更是耳熟能详。那么，你知道是谁发现了和氏璧吗？

A. 卞喜　B. 卞和　C. 蔺相如　D. 廉颇

89. 歌谣也有历史

在安徽芜糊地区曾流传一段歌谣：“天兵来杀妖，全为穷乡亲。打下南京城，就把田地分。”所反映的史实是下列选项中的哪一个？

A. 朱元璋建立明朝政权

B. 鄂豫皖根据地的土地革命

C. 太平天国农民运动

D. 北伐战争时期安徽的农民斗争

90. 神秘男主角

“老马识途”这个故事中的男主角是谁？

A. 管仲　B. 乐毅　C. 鲍叔牙　D. 姜子牙

91. 《宋史》的修订者

主持修订《宋史》的元朝宰相叫什么？

A. 脱脱　　B. 明明　　C. 跳跳　　D. 越越

92. 王昭君嫁给了谁

在“昭君出塞”这件历史事件中，王昭君首先嫁给了谁？

A. 冒顿单于　　B. 头曼单于　　C. 呼韩邪单于　　D. 屠耆单于

93. 甘薯种植专家

在下列古代科学家中，哪一位对甘薯种植做过研究和介绍？

A. 沈括　　B. 王充　　C. 徐光启　　D. 贾思勰

94. 贫穷之时的心愿

“仕宦当作执金吾，娶妻当得阴丽华”，这是谁未发迹时的愿望？

A. 汉武帝刘彻　　B. 汉明帝刘庄　　C. 光武帝刘秀　　D. 汉章帝刘炟

95. 豆腐出现于何时

豆腐是中国的一种传统食物，它最早出现哪个时期？

A. 秦朝　　B. 西汉　　C. 东汉　　D. 隋朝

96. 唐高祖母亲的姓氏

众所周知，唐朝的开国皇帝唐高祖李渊和隋朝皇帝是亲戚，唐朝紧接着隋朝而建立，那么你知道唐高祖李渊的母亲姓什么吗？

A. 独孤　　B. 端木　　C. 上官　　D. 南宫

97. 成语来源

成语“中流击楫”是出自哪位古代将领的故事？

A. 岳飞　　B. 祖逖　　C. 郑成功　　D. 戚继光

98. 到底是谁写的歌词

《寂寞沙洲冷》是一首美妙动人的歌曲，但是你知道“寂寞沙洲冷”是谁的诗句吗？

A. 苏轼　　B. 柳永　　C. 李清照　　D. 黄庭坚

99. 这是古代的哪位暴君

过着酒池肉林的奢侈生活，实行“炮烙之刑”的酷刑的是哪位君主？

A. 夏桀　　B. 商纣王　　C. 秦始皇　　D. 隋炀帝

100. 影响中国历史的思想家

汉武帝时期推行“罢黜百家，独尊儒术”是采纳了哪一位思想家的建议？

A. 汤和　　B. 王充　　C. 董仲舒　　D. 司马迁

101. 战国战争之最

战国时期的兼并战争中，规模最大、死伤最多的一次战役是以下哪一场？

A. 城濮之战　　B. 桂陵之战　　C. 长平之战　　D. 马陵之战

102. 古老的西藏

西藏自古就是中国的一部分，那么它是在中国的哪个朝代时，正式成为中国的一个行政区的？

A. 隋朝　　B. 唐朝　　C. 宋朝　　D. 元朝

103. 《汉书》的原型

东汉班固模仿以下哪本著作的记述方式，为西汉完成了《汉书》。

A. 《尚书》 B. 《史记》 C. 《论语》 D. 《左传》

104. 中国最早的字

以下选项中，哪一个是我国的第一本中文字典。

A. 《康熙字典》 B. 《新华字典》
C. 《永乐大典》 D. 《说文解字》

105. 屈原的国籍

端午节相传是为了纪念战国时期的大诗人屈原而兴起的节日，他生活在当时的哪一个国家？

A. 齐国 B. 楚国 C. 燕国 D. 鲁国

106. 谁为陈阿娇写《长门赋》

“金屋藏娇”的女主角陈阿娇被汉武帝打入冷宫后，花了一千金求人为她写了《长门赋》，这个人是谁呢？

A. 东方朔 B. 司马相如 C. 董仲舒 D. 司马迁

107. 做皇帝不容易

在中国古代，当皇帝可是一生的事业，但有的皇帝在进行这项终生事业时可谓是命运坎坷，历史上唯一一个当过三次“皇帝”的人是谁？

A. 宇文化及 B. 朱温 C. 赵桓 D. 溥仪

108. 救了秦始皇一命的人

秦始皇统一中国时，遇到了好几次危险，其中一次便是广为人知的“荆轲刺秦”，但是你知道在荆轲刺秦时，是谁对着荆轲扔了一个药袋子，为救秦始皇立下了功劳？

A. 夏无且　B. 赵高　C. 李斯　D. 吕不韦

109. 官方史书之最

我国最早的官方史书是下列哪一部？

A. 《尚书》　B. 《左传》　C. 《春秋》　D. 《史记》

110. 古代图书分类

“经、史、子、集”是我国古代常用图书分类法。《农政全书》属于以下哪种？

A. 经部　B. 史部　C. 子部　D. 集部

07 第七章

CHAPTER

穿越事件簿

穿越可能是一件很幸福的事，也可能是一件很悲催的事。如果真的能够穿越，当你穿越后发现自己居然成了历史上某个大名鼎鼎的人物时，先别急着高兴，大人物的命运往往很悲催。假设你真的穿越成历史上的某个名人，那么你能第一时间辨认出这个人是谁吗？而你又会知道这个人有着怎样的命运吗？

1. 穿越为王

某宅男穿越后，发现自己躺在龙床上。翻阅了一下记忆，他发现自己真是幸运，即位于危难之时，内任贤良外用勇将，挽狂澜于即倒。现在他正处壮年，而且穿越前上网时正巧看到炼钢造船等诸般科技技术，心中豪情万丈正准备起身大干一场时，突然一群宫女太监冲了进来跪在地上说：“皇上大事不好了，太上皇昨晚从东华门入宫，现在正在奉天殿召见群臣……”

听见此话，宅男顿感一阵眩晕，大叫一声：“我这倒霉催的！”

你知道他穿越后变成了哪位皇帝，并且遭遇了什么吗？

2. 诛十族

某男因不小心摸到电门后，瞬间失去意识。他睁开双眼，只见自己昂首挺胸立于金殿之上，四周群臣皆用既惊且佩的目光仰视自己，连高居宝座的皇帝陛下都用特别的目光凝视自己，不由心下暗喜：莫不是投胎做了曹丞相？只听皇帝金口一开，徐徐说道：“刚才你说啥，诛你十族也无妨？”

你能猜出这位“某男”穿越后成为了哪个历史人物吗？

3. 英雄

大头一觉醒来，发现周围战火纷飞，自己一身戎装，正要调集军队大战时，突然有一位部将来报：“阁部大人，清军已经轰开了扬州城大门，请大人尽快撤离！”

说来大头穿越后变成的这个人物，在历史上可是一个英勇不屈的抗清英雄呢，你知道这个人是谁吗？

4. 倒霉将军

宅男穿越，发现自己身带百万大军，临江而立，不由豪情心中起，笑向胆边生，但见身后追兵皆梳辫持枪，正欲扫清敌寇、一展宏图，忽闻帐下探马来报：“石将军，我们已到大渡河了。”

这位宅男好不容易在穿越后附身到了一位强力的大将军身上，可惜等待着他的却是一场犀利的暴雨，他的结局注定悲惨。那么，你能猜出他附身到了哪位将军身上吗？

5. 牧羊人

李明昨夜与朋友聚会贪杯，回到家后直接倒在床上呼呼大睡。第二天早上睁开眼，宿醉未醒，却突然发现自己身处一营帐之中。他脑中却出现了一个奇怪的记忆，记忆中自己前几天似是出使某地，还有人对他说过什么当公羊生子方可怎样怎样的话。当他正在细想之时，帐外一个兵士来报：“这位大人，你的羊已经备好了。”

你能猜出李明穿越成为了哪个牧羊人吗？

6. 银币上的自己

大龙看某电视剧时突然被电视屏幕吸入其中，当他回过神后，发现自己身处一个古代豪宅之中，并且身穿汉唐礼服，周围的人对他唯唯诺诺，言必跪而称陛下。大龙不禁喜笑颜开，终于可以过万人之上的幸福生活了。欣喜之余，他东摸摸西看看，却突然发现身上有几个银币，上面还刻着一个胖子，明显现代工艺嘛，不禁问左右，这头像是谁啊，左右答：“正是陛下您的光辉形象啊……”

大龙听闻此言，顿感一阵头晕目眩，你知道这是为什么吗？

7. 何弃疗

李萌在一个雨夜独自走在回家的路上，忽然觉得浑身发麻，便失去了意识。意识再度清醒后，发现自己竟成了一国之君，他不禁在想："雨夜浑身发麻，难不成我被雷劈了，然后穿越了？"不过还好李萌穿越后居然成为了一国之君，欣喜之余，他便在宫内四处游逛，忽听见两个内侍小声说道："神医五日前第三次来为君上诊治，但不知为何一言未发便匆匆离去。"

李萌听到这话，立时觉得四肢发凉，如坠冰窖，内心中狂吼："何弃疗啊，何弃疗啊！"你知道李萌为何在心中如此声嘶力竭地狂吼吗？

8. 一分钟结束穿越

王鹏终于实现了他的穿越梦想，可是此刻的王鹏还没有弄清楚穿越后的情况，就见数名铠甲武士快步走近，为首一人大呼："左司马大人，沛公赴宴归来，召你即刻晋见！"

王鹏不知所以，只得前往。可他这一去，等着他的却是一条不归路……

你知道这是怎么回事吗？

9. 皇后梦

暑假期间，沙晓妍看了很多很多的后宫戏，觉得自己要是能成为一代皇后，必定可以成为武则天第二。于是，满心期待的她终于在一次睡梦中得偿所愿，因为她穿越了。睁开眼，沙晓妍发现自己貌美如花，贵为国母，而且满门贵盛。正在她万分得意的时候，外面慌慌张张跑来一个小太监叫道："皇后娘娘不好了，江充虽已被诛，但太子殿下却被冤谋反，已经被抓了……"

闻听此言，沙晓妍顿感美梦破灭，叹道："老天，你玩死老娘了！刚穿越过来，都不给个表现的机会就让我死，不带这么玩人的吧……"

你知道沙晓妍为何如此感叹吗？

10. 死得憋屈

杨鹏酒后醉倒，醒来后发现自己身穿华丽龙袍，卧于行军大帐之中，依稀记得自己正御驾南征。当下，大军已经进入大宋境内的瓜洲一带，想必一统天下之日不远矣。到那时，吾必“得天下绝色而妻之”。此刻的杨鹏越想越美，忽听帐外无数金属碰撞声，“嗖”的一声，一支箭落在面前，捡来一看，上面的字有点眼熟，似乎是自己军队里的武器……

你能猜出来，杨鹏穿越后成为了哪位历史人物并且发生了什么事吗？

11. 恰逢其会

李明的最大梦想，就是化身成一个能在万军中穿梭如入无人之境，取敌方上将首级如探囊取物般的大将军。今天他终于得偿所愿了，因为他居然在一愣神的工夫穿越了。回过神来，他发现自己身披战甲，跨于马上，正率领一支精锐劲旅行于路上，于是他问手下的士卒说：“咱们到哪了？”

一个小兵回答说：“夏侯将军，此处乃定军山。”听说已经到了定军山，李明突然觉得貌似有什么地方出了点问题。

就在李明心慌之际，在他面前忽然出现一位老将军，只见这人满面白须，年逾60，但手持长刀，腰间挂雕弓利箭，穿的还是敌方的铠甲，而且这个老头健步如飞，有点廉颇的意思。于是，李明壮着胆子吼道：“报上名来，本将军不杀无名小辈。”只听对面老将声若洪钟地回答道：“吾乃黄忠，黄汉升是也。

李明突然冒了一身的冷汗，也终于知道哪不对劲了，你知道吗？

12. 金牌得主

小霍是一个不折不扣的历史迷，他尤其崇拜那些有民族气节的英雄，也总梦想着自己有一天能够成为一名捍卫祖国领土与尊严的战士。今天，小霍又在看历史书了，也许是下午的阳光十分温暖，不知不觉间他便睡了过去。在梦里，他发现自己英武伟岸，安坐军中大帐，面前摆着一张羊皮地图，可以说自己此刻正运筹帷幄之中，决胜千里之外。自己帐下的士兵尽是精锐，个个士气高昂，正欲挥斥方遒之际，忽见传令兵进来报：“将军，皇上送第十二道金牌来了。”

听到这话，小霍猛然惊醒，叹道：“幸亏这只是个梦啊……”

你知道小霍梦中的自己，是哪位将军吗？

13. 被冤枉了

这是一个阳光明媚的下午，小李正与女友一边喝着下午茶，一边聊着天，可突然天空阴云密布，一道惊雷直劈而下，只听天上有个声音说：“唉，劈歪了，抱歉……”于是小李悲催地发现自己穿越了。不过还好，穿越后的小李英武伟岸，更觉得自己胸有韬略无数，并且置身中军大帐之中。小李忽然觉得这样也不错，既然来了，就在这里结合21世纪的新思想干出一番轰轰烈烈的大事业吧。视察军队的时候，他发现帐下的军队精锐无比，士气高昂，正欲发号施令之际，忽听传令兵进来报：“督师，清军已退，皇上请您进宫。”

听闻此言，小李惊出一身冷汗，惨呼道：“老天，你再劈我一次吧！”小李如此惨呼是因为什么呢？

14. 我是皇帝

王二小因为身体孱弱，家境又比较困难，所以总被某些同学欺负，因此他总是用幻想来麻痹自己，幻想自己有一天做了皇帝，那样的话，就没人再敢欺负他了。也许是上天听到了可怜的王二小虔诚的祈祷，终于让他梦想成真了。王二小一觉醒来，发现自己竟然穿着天子的服饰坐于朝堂之上，心里虽然感到奇怪却又极度兴奋，于是他故作镇定地俯视群臣。只听堂下群臣齐道：“吾皇万岁万岁万万岁”。

王二小突然发现这不是个梦，这是真的，自己真的当了皇帝，正在他激动、得意之际，一将来报：“陛下急报，曹操亲自率领大军伐我。”王二小顿时变成了冰人，坐在龙椅之上一动不动，心情更是如坠深渊。

你知道在王二小身上发生了什么吗？

15. 我要做美女

林无敌一直因为自己长得丑而烦恼，丑女这个外号更是每天都要被人叫上成百上千次。于是林无敌在巨大的压力下选择了轻生。林无敌试过用豆腐撞头，用粉丝上吊，用薯片割脉等众多方式自杀，均未果。于是她终于想到了儿童泳池溺水这个神奇的方法，她用力一跃，一头就扎进了水里。可她却没有被水包围的感觉，睁眼一看，发现自己置身红罗帐内，一个英武伟岸的男子身穿龙袍，站立龙床前。她偷偷朝铜镜瞄了一眼，只见自己国色天香，身材性感。整理心情，发现自己记得无数诗词歌赋。她虽因得偿所愿而心花怒放，却也知道冷静对待，她心中正计划着如何扰乱后宫之时，忽见内监慌张来报："禁军哗变，杨国忠已被杀了！"

听闻此言，林无敌哀怨地看了来人和那龙床前的男子一眼，便拿起了手边的白绫，于是她又穿越回了林无敌的世界。你知道为什么会这样吗？

16. 无奈一笑

张小花与一男子站在一处城楼之上，无论边上的男子如何取悦于她，她都一副冷淡的表情。说起来，自从张小花发现自己从繁华的21世纪穿越到了这个鸟不拉屎的年代之后，便自觉心灰意冷，平日里更是不苟言笑。可又偏偏因为自己的绝世容貌，惹得当今世上最有权势的男人为之倾心，这个男人每日里都会想尽各种办法取悦她，目的只为博她一笑，今天也是如此。城楼上，张小花顺着那个男人所指之处望去，只见不远处狼烟袅袅，不同旗帜的队伍从几个方向聚拢到城楼下，为首的诸侯都恭恭敬敬地喊道："护周天子！"。那男人则对下面的众位诸侯笑着说："但博美人一笑，各诸侯请回吧。"

张小花无奈地笑了一下，但她的这个表情在那个男人眼中，就如同雨后骄阳一般动人。可在张小花自己的心里，却苦得很。你知道这是为什么吗？

17. 美味当前

王磊是一个励志型宅男，他最大的愿望就是成为一个有王霸之气的吃货。也许是他得到了上天的眷顾，也许是他无意中擦了三下手边的饮料瓶……

总之，今天他如愿了，王磊此刻闭着眼，只觉得自己身上隐然有王霸之气侧漏，那小心情可是相当愉快。忽然王磊闻到一股扑鼻的香气，恰好又感觉到自己腹中饥饿。他睁眼一看，只见面前有一大碗肉羹，于是他便大吃特吃，对其味道赞不绝口。正在他吃得快意时，旁边一个古代使臣模样的人笑着对他说道："西伯侯，大王赐下的肉羹可还合口味吗？"

王磊听到这句话，顿时一阵恶心，吐了一地，甚至脸都绿了……

你知道这是为什么吗？

18. 犟的后果

李雷是一个特别能犟（钻牛角尖）的人，无理也能辩三分，简直就是"强辩团"的团长。今天，李雷又在与人争辩，只不过今天于他争论的人是他老爹。争论到激动的时候，李雷的老爹一个大耳刮子就扇了过去，这一下给李雷打得七荤八素的。李雷刚刚回过神来就愣住了，因为他此刻身处一大殿之中，前面一个貌似天子的人正用一只手指指着自己，愤怒地说："吾闻圣人心有七窍信有诸乎？"

看看周围的情况，想想刚才那人所说的话，李雷突然有一种想自杀的冲动，悔不该与老爹争辩，竟在挨了一耳光之后穿越到了这个死鬼的身上。

你知道他穿越成了谁吗？

19. "美好"的愿望

一腐女不仅长得奇丑无比，做事也是时而不着调，时而不靠谱，就连她的家人都看不上她。心灰意冷之际，这个腐女有了轻生的念头，她来到楼顶，希望借此一跃，可以投胎转世，不再做一个丑女，一定要成为一个青年才俊。当她睁开眼后，发现自己已然是婴儿模样，虽身体稚嫩但脑筋不乱，大喜过望，以为可用两千年才学大展拳脚。听周围人的对话，她得以知道，自己的父亲应是春秋时的一个医师，可奇怪的是，此时她感觉到抱着自己的父亲居然将自己交付给了一个叫公孙杵臼的大汉，还哭着对那人说："程婴不肖，无法保生赵氏孤儿……"

此时腐女更加心灰意冷，甚至已经绝望了，因为她想起了某部电影。你知道，这个腐女的婴儿身份是谁吗？

20. 英雄之姬

张婷是一个有英雄情结的女孩，她最大的愿望就是可以成为一个了不起的大英雄的老婆。可喜的是，现在她如愿了。在一次聚会上，张婷酒醉，便坐在沙发上睡着了，醒来后发现自己身处大帐之中，不仅有绝世容貌，还依偎在一英伟男子的怀中，面前的桌案上还摆放着一些酒菜，显然是在与这名男子一同饮酒作乐。张婷心有迷惑，正欲开口询问，却听那男子开口唱道："力拔山兮气盖世……"

张婷听闻此歌，心中一震，不禁暗自思量："我应该激励他，还是……"

如果按照历史的进程，张婷会怎样做呢？

21. 无期徒刑

陈赫一觉醒来，发现自己不仅个子变高了，还长了一脸大胡子，俨然成为了一个彪形大汉，低头一看，自己居然还身穿清朝官服，品级也是相当高。再看周围，发现自己此刻正立于皇宫大殿之内，周围的太监、宫女，甚至面前穿龙袍的皇帝都对自己十分恭敬。在陈赫看来，自己显然是穿越到了一代名臣的身上。正在他自信满满，畅想美好未来的时候，只听面前的皇帝说道："我这些天闲来无事，挑选了十几个小太监来练习布库。鳌少保若有兴致，指点他们几招，不知可否？"

随后，陈赫便在皇宫大牢中度过了凄惨的余生……

你知道这是为什么吗？

22. 眼神儿不好

大龙是一个纯粹的军事爱好者，他甚至对各个国家的各个时期的经典战役，都研究得十分透彻。终于，上天给了他一次做将军的机会，因为大龙穿越了。穿越后，大龙回过神来，发现自己身为大将军，兵法绝伦，有万人莫敌之能。此刻正值夜晚，大龙坐着战车带着精锐部队正在穷追敌军，行至某处时，隐约看到前方树木堵住去路，且有一棵树树皮被剥，上面似乎有字，但因为大龙眼神儿不太好，所以有些看不清楚，突然想到一件事，大龙惊出一身冷汗。可他还是抱有侥幸的心理，不信邪，便举着火把上前察看，待大龙走到近前借着火光仔细一看，树上写的果然是那几个字……

大龙仰头嚎叫："贼老天！你不厚道啊……"

你知道大龙为什么吼叫得如此愤懑呢？

23. 短命鬼

小海是一个特别倒霉的人，吃饭能被菜汤噎到、喘气能被口水呛到、走路能被钉子扎脚、车停小区楼下车胎还让人扎了、刚补好胎车玻璃又让人砸了、改坐公交又挤不进去、好不容易挤上火车回家过年行李还丢了、改成坐船回家一不小心被一阵微风吹到了海里……于是，小海进了大海，然后就穿越了。穿越后的小海，惊喜地发现，自己现在虽然才八岁，但已经登基做了皇帝。此时的小海，身穿龙袍，面前无数山珍海味，周围无数美女环绕，左右伺候。小海现在的心里美极了，真是风水轮流转啊，如今做了皇帝，虽说是年幼，凭自己的见识，定能开创辉煌。正在小海得意之际，忽然有太监来报："大将军梁冀求见。"之后，小海，卒。

你知道这是怎么回事吗？

24. 一个小兵

话说，别人穿越之后又是皇帝又是诸侯的，最不济的也是个将军什么的，可是悲催的李小明同学却穿越到了一个很有潜力的人身上，一个小兵。没错，李小明现在的身份就是某个朝代的小兵，今天他将怀着激动无比的心情，和九死一生的觉悟来见证一个历史大事件。他的第一个任务就是，亲眼见证他的主子秦王殿下亲手射死自己的亲哥哥，以及秦王殿下的部下射死了秦王的亲弟弟，第二个任务就是和其他的小兵一起在玄武门与众人厮杀。

幸运的是，李小明在亲身经历了这个历史大事件之后，便身中流矢，随后回归了他穿越前的生活。现在李小明只觉得那仿佛就是一场梦，可醒来后却感觉恍如隔世一般。

你知道李小明用穿越的方式，亲身见证了哪个历史大事件吗？

25. 渡海

五一假期，一小厮与女友在湖上泛舟游玩，突然狂风大起，巨浪滔天。一时间，那小厮只觉得天旋地转，船翻了……

可是不久之后，他觉得一切又回复平静了，睁开眼一看，眼前风和日丽，风景秀美，自己依旧坐在小船里，张嘴说出了一句自己平生最得意的诗句："落霞与孤鹜齐飞，秋水共长天一色。"突然他觉得哪里不对，低头一看，居然身着古代服装，乘坐的还是木船。正奇怪间，听边上一老头说："少爷，再过不久就到交趾了，老爷看见你回家看他，一定会很高兴的。"

闻听此言，那小厮一声哀嚎，却道老天不公，心中无助地呐喊："让我回去，还我女朋友！"你知道这小厮为何会如此哀嚎吗？

26. 笑话他的不是我

某日，一个极度自恋的屌丝女正在歌厅的大屏幕前跳着走样的舞蹈，唱着走调的歌曲，谁知就在这时，她身后的屏幕突然闪过一阵强光。待她回过神来，发现自己正身处一个华丽的大院中，不仅容貌变得倾国倾城，身材变得纤细多姿，唱歌也不走调了，舞姿也动人了。于是她开始"脑补"今后的生活，例如如何让自己成为一代祸国殃民的妖姬，如何让自己成为风华绝代的佳人等等。就在她幻想得不亦乐乎之时，一个长相俊美身着华服的公子向她走来，她心中大喜，心想祸国殃民的机会来了。还不待她有所行动，就听见那华服公子身后的一个驼背瘸腿的丑汉指着自己怒声道："就是她笑我地不平！"

这屌丝女瞬间石化，心中大喊："天地良心，笑话他的人可不是我啊！"。你知道这是怎么回事吗？

27. 两次自杀

大明是民国时期的一个富二代，他父亲因为得罪了当时政府高官，蒙冤入狱，公司也被查封，家道就此中落。虽说大明表面看来与常人无异，实际上他却是个体质很差的病秧子。家道中落后，他无力生活，终于走上了自杀这条不归路，只是临死前他许下了一个愿望："来世让我成为官二代，也许就不会这么悲剧了！"终于，老天真的给了他一次机会。大明睁开眼，看着眼前的情景，他上一刻的记忆还是自杀，此刻竟身处宫殿之中，身边还有一员猛将，看来自己是心愿得偿了。可就在他欣喜之余，从外面进来一个使者，呈上一物说：“殿下，这是从沙丘快马寄来的诏书，是皇上亲笔所写的。”

于是，刚刚穿越成了王子的大明，悲催的又一次自杀了，你知道这是为什么吗？

28. 天下第一

石大春是一个历史系的学霸，有一天他正在图书馆里抱着一本史书研读，正看到一个在某方面实力堪称天下第一的人物列传的时候，眼前突然一阵恍惚。回过神来，发现自己金冠鹤翎，威武霸气，一身武功堪称天下第一。不过此刻的自己却被五花大绑，随后便在无意识的状态下说了几句：“明公所患，不过于布；布今已服矣。公为大将，布副之，天下不难定也！”石大春又一次回过神来，看见堂上坐着一个面露威严之人，似乎被自己的话打动了，而且站在他身边的那个耳朵奇大，双臂过膝的怪胎还是自己记忆中的故交。于是，石大春很快接受了自己穿越的现实，并开始幻想自己征战天下，攻城略地，无所不克之时，忽听那位故交好友说道：“君不见丁建阳，董卓之事乎？”

到了此时此刻，石大春的心顿时凉了，而且凉得很彻底，因为他知道自己又要“穿越”了，你知道这是怎么回事吗？

29. 太子的“华丽”变身

萧克是一个整天只知道泡酒吧玩乐的小混混，这一天，他又喝多了。喝多了，就容易惹事，于是此时的萧克跪在地上，双手捂在肚子上，额头已经点到地面上了，表情那是相当痛苦。疼痛稍减，他似乎听到有人在大声地说着什么，听意思好像是什么“父皇已传位于我”。正疑惑间，萧克突然发现眼前的情景和之前大不一样。此刻的萧克正身处一座宏伟的大殿之中，周围百官林立，前方一个太监装束的人手里捧着一卷貌似圣旨的东西。萧克此刻再傻，也知道自己这是穿越了。稍一回想刚刚听到的话，联想到此刻的情境，他的心瞬间乐开了花，心想：“莫非我就是传说中的皇太子，现在完美变身成皇帝了？”得意间，萧克立刻叩接圣旨，甚至他已经开始幻想起了以后的腐败生活。就在他得意间，忽然有人闯入大殿高声喊道：“报！建康外城俱破，石头城已被叛军包围……”

萧克一头雾水，完全不知道是什么状况，可看周围百官们的脸色都不怎么好，你能告诉萧克，这是怎么回事吗？

30. 眼前鸣镝如雨下

在一次赛马比赛中，一号选手张扬骑着他的无敌宝马消失在了终点线前不远的地方，张扬的突然消失引起了现场的一阵骚动。可谁能想到，此时的张扬正骑在马背上东张西望，因为他发现自己此刻竟置身于茫茫草原之中，周围还有上百号人，这些人都非常恭敬地称呼他为大单于，而且他们似乎正在陪着他狩猎黄羊。

“难道我穿越了？”张扬不禁想到，“若是真的穿越了，按照自己所知的先进知识，要是此刻发兵西进，必能统一周边所有部落！”想到此处，张扬不由得豪情万丈，抬头看见天上一只大雕飞过，正欲引弓射雕，突然发现一支鸣镝落到马前，接着无数鸣镝如暴雨般向他袭来，还没等他明白发生了什么，他就变成了一只鸣镝刺猬。

这到底是怎么回事呢？

31. 貌似哪里不对

杨梓此时一身锦衣华服，跨坐于一匹白色骏马之上一路前行，身后跟着大批恭敬的随从。杨梓不是演员，这也不是在拍戏，因为这周遭的一切，让杨梓倍感真实，他意识到，自己现在是穿越了。正当他还在思索自己究竟穿越到了什么地方的时候，他和随从们已经来到了一道大门前。此时的天色已经转暗了，抬头看去，门上似乎有字，却看不清楚。这时听见一个守门将军说：“常何恭迎太子殿下！”听到“太子殿下”四个字的时候，杨梓那是相当高兴。可他想到常何这个名字时，在高兴之余又总觉得哪里不对，突然他生出了一股不祥的预感。因为在他面前突然出现了一个人影，还对他高声叫道：“大哥……”还没等这人把话说完，就已中箭身亡。随后，无数箭矢袭来，似乎还有金属碰撞的声音。

你知道杨梓觉得“哪里不对”，是怎么回事吗？

32. 美食的诱惑

一个技术宅男玩游戏劳累过度，只觉得眼前发黑，心口发闷，一下子就晕死过去了。不知道过了多久，他恢复了知觉，低头一看，发现自己竟然身着古代华服，高坐于宴会首席位置。环顾左右，发现自己周围甲士环立，身边还有一美女正给自己夹菜喂酒。作为一个正统宅男，他立刻反应过来自己这是穿越了，而且穿越后的地位貌似不低。正得意间，下首一个王孙公子模样的人，指着一个举着盘子走来的人说：“主公，这位名厨所做的这道极品鲤鱼应该很合您的胃口。”听说有好吃的，这位宅男看了一眼身边的美女，口水瞬间就流了下来，正在他要大快朵颐的时候，突然看见那厨子的手伸入了鱼腹……

看见厨子的这个动作，再看看眼前的鱼，这个宅男似乎发现了什么，一种绝望的表情显现在了他的脸上。你知道这是怎么回事吗？

33. 另类的“美食”

李明是一个不折不扣的美食家，他走到哪就吃到哪，可以说这世界上有他没去过的地方，但绝对不能说这世界上有他没吃过的美食，所以李明就是美食界的帝王。但意外时有发生，这位美食帝王在品尝一道菜的时候，被骨头卡住了喉咙，于是他穿越了，没错，是魂穿！醒来后的李明觉得自己身上隐隐散发出来一种王霸之气，似乎真的成为了帝王，正得意时，忽然闻到了一丝异味，睁眼一看，眼前居然是一个盛满了大便的盘子。在他旁边还有一个官吏模样的人谄笑着说道：“先生觉得大王之病可会痊愈？”

美食帝王李明听到这句话，再看看眼前的大便，突然呕吐了起来，霎时间脸都绿了。你知道这是为什么吗？

34. “火炬手”

王猛正举着一支火炬站在起跑台上，他的任务是从这里举着火炬跑到十公里以外的另一个起跑台前，完成分段火炬传递任务。正当他要出发时，天空一道闪电劈下，王猛幸运地穿越了。强光过后，王猛发觉自己手中的火炬还在，而且自己依旧立于一个高台之上。正在他感觉莫名其妙之时，突然在脑中闪现了很多段记忆，他记得自己是个帝王，记得自己武功盖世，记得自己用兵如神……再低头看看自己的衣着，果然是帝王的服饰，于是王猛心下大喜，觉得自己大显身手的机会来了，统一世界完全不是梦。正高兴，忽然脚下一个趔趄，他低头一看，脚下竟然堆满了柴薪。王猛的表情瞬间僵住了，因为他已经知道自己接下来的命运了。

王猛知道自己的命运了，你也知道他的命运了吗？

35. 变成婴儿了

被车轧成了馅饼的韩优优同学挣扎着睁开自己的双眼："我没有死吗？"他自语道。可他听见的居然是婴儿的啼哭声，而不是自己说话的声音。于是他开始环顾四周，终于发现自己竟然变成了婴儿，此时他正身处一个金碧辉煌的大殿之中，身边无数太监宫女服侍左右，想来自己非富即贵，而且是王子的可能性更大。这下，他确定了一件事，就是自己穿越了。秉着既来之则安之的原则，韩优优同学相信自己有能力使用21世纪的先进科学知识，必能建立一个傲立于世的帝国。可偏偏就在他幻想以后的美好生活之时，忽然走来一名英武的男子，周围太监也都慌忙行礼，至于他们说的什么，韩优优是一句也听不清，但至少他听见了一个"嫪"字。

韩优优正觉奇怪，为什么自己会有一种不祥的预感呢？

你能替他解答这个问题吗？

36. 绝响

一个特别喜欢音乐的宅男一觉醒来，发现自己不仅变得文采飞扬，还精通音律，很有大家风范。环顾四周，发现自己正端坐在一个广场之中，身前摆放着一只古琴，心想："既然自己已十分精通音律，不如就弹奏一曲吧！"于是宅男指尖轻动，音符行云流水般奔涌而出，技惊全场。在自己和周围所有人都陶醉于此之时，一个声音粗鄙的武将突然说道："《广陵散》终否？"

据传，在此之后《广陵散》变成了千古绝响，你知道这是为什么吗？

37. 你真好看

一个自觉是靠脸吃饭的演员，却总被导演说其不上镜，所以他现在的职业是一个光荣的龙套演员。他在一次跑龙套的时候不小心穿越了，穿越后他发现自己身处一个古城街道之中，自己周围全是穿着古装衣服的人，似乎自己挺受这些人的欢迎，万千少女为其癫狂。龙套男见此情境，欣喜万分，频频向众人微笑着挥手致意。正当龙套男得意之时，一个尖厉的声音传到他耳中，"卫郎！我今生非君不嫁！"

你知道龙套男穿越后变成的这个"卫郎"是谁吗？这个人物身上有什么典故吗？

38. 吴大宝的悲剧

吴大宝是一个酷爱读书的宅男，有一天他在看书的时候睡着了。过了一会，他醒了过来，感觉到手里依然拿着书，便想继续看完。可有一件事让他感到奇怪，就是手中原本纸质的书居然变成了竹简，并且在竹简上所书的竟然全是篆文。正在吴大宝一头雾水之时，忽然听到一个恭敬的声音："老爷，君上殁了，太子驷即位。"

"太子驷？"听到这个名字的时候，吴大宝心中一喜，似乎知道了什么，可听到"即位"的时候，他脸色突然变得很难看。你知道这是怎么回事吗？

39. 舞女给的启迪

刘强从小就是一个老师眼里的学渣，这让刘强很不舒服。仔细想想，不就是学语文自己字写得烂，学数学不会算数嘛，至于被说成学渣吗？他越想越生气，于是在过马路时，没有看交通灯，"幸运"地被一辆卡车给送到了唐朝。

刘强一睁眼，发现眼前有一个身材曼妙的女子正在舞剑，而且自己貌似隐约知道此女子舞的正是《西河剑器》。突然，刘强一阵狂喜，既来之则安之，大吼一声："拿笔来！"。

你知道刘强为什么这么高兴吗？

40. "好吃"的蜜枣

大头是一个军事学院的高材生，但是在一次作战演习的时候，不幸被一颗飞来的石子送到了中国的古代。穿越后，他发现自己正在和一个身着龙袍的人下棋，嘴里似乎还吃着东西，低头一看，原来是棋盘边上的两盘蜜枣。突然，对面的人说："皇弟，自父皇去世后，我朝人才日渐凋零。你自幼晓畅军事，又文武双全，必能助为兄一统天下。来，这是刚刚进贡过来的上好蜜枣，多吃点。"

大头闻听此言，不由心中一惊："我若出手，凭借后世先进的军事知识和各种经典战例，统一天下不成问题。只是，待到那时，这皇位是不是该换人了呢？"正在大头暗自兴奋时，突然听到一个老太太大吼："任城王，这蜜枣不能吃……"

你知道大头穿越后，遇到了什么事吗？

41. 身居高位

周飞本是个肌肉结实的健美教练，阳刚之气外放，简直就是霸气侧漏！但在他穿越之后，却完全颠覆了穿越前的形象。此时的周飞衣着华丽，貌比宋玉，打眼一看，周飞俨然是一个风流倜傥的翩翩公子。周飞行走间发觉腰间似乎挂着一个重物，拿起来仔细一看竟是一枚金印，上面都是些不认识的字，但隐约间能辨认出大司马三字。周飞看着手里的金印，立刻从穿越的痛苦中走了出来，因为他已得知自己此刻是位列三公的显贵了，而且还是一个刚刚二十几岁的青年，以后富贵的日子绝对还长着呢。正得意间，一人来到他面前恭敬地说："董大人，圣上召您侍寝……"

周飞不明就里，带着一头雾水走进了皇宫后院。那么你知道周飞穿越到了哪个历史人物的身上吗？

42. 韩信来了

历史系高材生李默一觉醒来后，发现自己身处一个古色古香的豪华套房内，走到铜镜前一看，自己居然一副学者打扮，想必自己此时的地位不低，应该可以算是一个成功的穿越人士了。此时的李默已经开始畅想未来，畅想自己依靠先知先觉，定在这个时代混得风生水起，乃至呼风唤雨。正在他畅想美好未来的时候，一名身着华服的男子带着一帮小弟闯入房间，怒喝道："本王已答应你投降汉王，为何韩信又率大军攻我齐国？"

李默听闻此言，立刻坐到了地上，他恨自己不能改变历史，现在的李默，只希望能够借此机会穿越回自己所生长的年代。你知道接下来等待李默的是什么样的命运吗？

43. 丑女大变身

有一个十分恨嫁的丑女，在一个绝望的雨夜惨遭雷劈，幸运的是她还活着，不幸的是她穿越了。事实上，在她身上还发生了一件幸运的事，因为她发现此刻的自己全身珠光宝气，衣着华丽，半卧在凤撵之上，周围檀香萦绕，侍女环立，个个低眉顺目，以夫人相称。此丑女一阵狂喜，看来自己穿越到了一位贵妇身上，要什么有什么，还不愁嫁，因为已经嫁了。正高兴间，丑女的思绪被一个尖细的声音打断，只听那人喊道："皇帝陛下宣钩弋夫人觐见……"

哪知丑女此行一去不返，自己都不知道为什么会这么悲剧。你知道丑女此去，发生了什么吗？

44. 有钱人

邱实是一个辛劳一辈子的老实人，直到最后，也没能买得起一套属于自己的房子。也许是哪个大神看到了他的一生，所以决定给他一次变成富人的机会。于是，邱实穿越了，他睁开眼一看，发现自己现在竟然成了全国首富，说富可敌国也不为过，而且自己还是朝中重臣，曾先后任领班军机大臣、领侍卫内大臣、步军统领等职，深得皇帝宠信。正在得意间，一太监突然传旨到此，太监说："大人，乾隆爷驾崩了。"

你能猜出来邱实穿越到了谁的身上吗？

45. 进士也看兵法

李成穿越后，发现自己满腹韬略，若领军出征，必能无往不利。可喜的是，此刻李成真的领兵出征了，而且自己还是全军的最高统帅。自己的十万大军正将一座孤城围得水泄不通。李成一看状况，立刻叫来斥候询问："这是哪个城？"斥候回答说："报大汗，此是宁远城，守臣是进士出身的袁崇焕，听说他没咋研究过兵法……"

你能猜出来李成穿越到了哪位历史名人的身上吗？

46. 骑白马的军师

军事迷李强穿越后，发现自己青衫束发，跨坐于一匹白马之上正在号令兵卒。见到自己麾下的兵卒在他的率领下奋勇攻城，一种成就感油然而生。此刻他也很好奇，自己攻的是哪座城，便召来一个小兵询问，只听小兵说："回军师，我们攻的正是雒城啊！"

"雒城是哪？"李强正在思索间，一支流矢悄然而至……

现在，你能猜出来李强穿越到了谁的身上吗？

47. 老光棍的惊骇

一个老光棍一觉醒来，发现自己穿越了。他发现自己正骑着高头大马耀武扬威，在数万大军的簇拥下，缓慢地前进着。看着自己周围那些一脸谄笑的下属，显然现在的自己是一个位高权重的人物。稍微搜索记忆之后，发现自己率领的居然还是帝师，心中不由得意非常。正高兴间，一个一脸猥琐相的家伙凑了过来说："王公公莫慌，土木堡马上就到了！"

老光棍瞬间绝望了，心中无限呐喊："老天你是不是在逗我！"

你知道老光棍为什么会这样呐喊吗？

48. 惨烈

丑女李健不远万里飞到某国去做整容手术，目的只为漂亮。不幸的是，她惨遭医疗事故，穿越到了唐朝。丑女恢复意识的第一件事，就是照镜子，她惊奇地发现自己虽然整容失败穿越了，但自己竟然已经变成了美女，正在窃喜，忽然一个武将装扮的人闯入房间，表情纠结地说："爱妾，我张巡对不起你，你对我的好，来世我再报吧，你也算为我大唐尽忠了。"

丑女李健在唐朝的最后一句台词是："啊……"然后，她的穿越之旅就这样结束了。你知道发生了什么事吗？

49. 猪一样的队友

王明是一个一事无成的倒霉鬼，就连玩个游戏，都被人称为"猪一样的队友"，在各种打击之下，王明走上跳楼穿越的道路。幸运的是，这一次他真的成功了。醒来后，王明发现自己身处一座金碧辉煌的宫殿之中，大殿中央一个皇帝打扮的人坐在王座之上。他不禁臆想到："我穿越后也出将入相了，那这回我应该能大显身手了吧？"就在他得意之时，忽听那个皇帝模样的人说："拿上来给我看看。"王明一愣，发现手里有个匣子，而且边上的队友正催促他跟自己一起上去呈递手中之物。王明这是第一次体验这种场面啊，所以他紧张啊，腿抖手也抖啊。他的队友看他这样子，心中生气，一把抢过匣子呈了上去。他看见他的队友从那匣子里取出的是一张地图……

你能猜到接下来的故事吗？

50. 悲剧的登基大典

李成做梦都想穿越回到古代体验一次当皇帝的感觉，于是他虔诚地祈祷，终于老天被他的诚意打动了。醒来之后，李成发现自己正坐在大殿的龙椅之上，殿下百官称贺，山呼万岁，搜索记忆，自己竟然是在举行登基大典。在这种情况之下，李成不免心潮澎湃，甚至已经开始幻想以后如何治理天下，如何扩张国土等事情。但还没等大典礼毕，就见一名士兵慌忙闯入，大声喊道："报！蒙古军已经入城了！"

李成脸色忽然一变，似乎觉察到了什么……

你知道李成穿越到了谁身上，并且发生了什么事吗？

51. 皇妃也悲剧

在清宫戏盛行的浪潮下，李嫣在某天成功穿越。穿越后，李嫣发现自己穿着一身华丽的旗装，身材曼妙，娇艳动人。再一看，自己所在之处，明显是皇宫后院，心想："莫非我穿越成了皇妃？看我如何统一后宫，如何治理天下，我要成为第二个武皇帝！"正踌躇满志时，突然闯进来四个华贵打扮的彪悍男子，领头的说道："大妃，先帝遗言……"

李嫣听闻此言，脸色瞬间变得苍白无比，你知道发生了什么吗？

52. 不能随便迟到

官迷刘理一生最大的愿望当然就是当官，可惜他这辈子是没什么当官的希望了。但是他想当官的心却一直在躁动，终于老天给了他一次当官的机会，因为老天让他穿越了。穿越后的刘理发现自己坐在一辆由四匹马拉着的法拉利级的豪华马车之上。低头看看自己，衣着华贵，百万大军随行，仆人们态度恭谨。刘理一下子就乐了，如此阵仗，自己不是个大文官，也应该是个大将军啊，看来老天对自己不薄。正在他高兴得合不拢嘴的时候，车下一名军官神情冷峻地问道："我与监军大人约定正午在大营会合，大人为何此刻才到？"

还不等不明就理的刘理做出反应，便被拉了出去……

你知道刘理穿越后遇到了什么事情吗？

53. 祸起萧墙

李明穿越后发现自己正身处一辆马车之中，虽然出身农家，但此刻已经称王，他万分得意，觉得大展宏图的机会来了。正在他得意间，忽然想起来上车前似乎有人对他说："陛下，秦军反扑势大，且我军新败，不如退守下城父（今安徽涡阳东南），待积聚力量后，再图大业！"想到这里，李明忽然身体一震，向马车外望去……

你知道李明为什么会有这样的反应吗？

54. 悲惨的催人泪下

韩铁穿越之后，发现自己躺在一张华丽的大床上，四周金碧辉煌，装饰极为奢侈。韩铁稍微翻了个身，看见的不是美女，而是一个男人。他刚要开口询问，只听那男子嗲声嗲气地说："大总统早些歇息吧。"

韩铁一愣，心想："我休息，你个老爷们躺我床上是个什么情况？"正在韩铁百思不得其解之时，突然一个侍者跌跌撞撞滚进门来，慌张地说："不好了，冯焕章反了……"

韩铁略一思索，深深地叹了一口气，无声地呐喊："老天玩我啊……"

你知道这是怎么回事吗？

55. 下岛一叙

丁强一觉醒来，发现自己穿越回了明朝，此时的自己体格魁梧，身披金甲头戴金盔，安坐军中大帐。搜索记忆之后，发现自己深谙兵法，武艺高强，且能与自己比肩之人寥寥无几。走到大帐门前一眼望去，麾下士兵各个士气高昂，带着这样一支劲旅，必然攻无不克战无不胜。就在他得意之时，忽见一副官来报："袁督师请您下岛一叙……"

丁强听到这句话之后，立刻知道自己接下来的命运了，你也知道吗？

56. 冬天渡河不披甲

军事学院高材生赵挺在一次作战演习中穿越回了中国古代。穿越后，赵挺发现自己正率领一支大军，夜驰于飘着雪的北国旷野之上。正畅快间，忽然遇到一条大河，便停下来喝了数杯美酒，然后便命令大军渡河。这时有亲兵过来劝他穿上盔甲，赵挺下意识地大笑道："入阵披坚，非丈夫也。吾结发从军，老矣。不知甲重几许……"说完，他便与大军一起过河，可他刚走不久，突然感觉到哪里不对……

现在，你知道赵挺感觉到哪里不对了吗？

57. 开往西天的列车

李林是一个狂热的军事迷，正赶上今天他与朋友一起坐火车出游，因为路途比较遥远，李林坐在车里迷迷糊糊地就睡了过去。醒来后发现自己居然身处一豪华车厢内，一身将军打扮。搜索记忆，李林惊奇地发现自己身家无数，妻妾成群，而且麾下还有装备精良的军队，是坐拥一方的大军阀。在乱世间，自己有这样的家底，再加上自己对历史的先知先觉，想不干出一番事业来都难。正当李林窃喜时，一名副官走上前来报告说："大帅，列车已至皇姑屯。"

皇姑屯？李林突然有一种不祥的预感，你知道这是怎么回事吗？

58. 穿越只为打猎

王衡穿越后，发现自己身披银甲，手持钢枪，背背钢弓，跨坐在一匹高头大马之上。骏马神驰，后面的无数随从都被他甩下了，王衡略一思索，发现自己竟是出来狩猎玩耍的一方诸侯，此时正玩得兴起呢。突然间，前面的草丛里蹦出了三个人影，其中一人大喊一声："小霸王，看箭！"

王衡一声惨叫，便回到了现代。你知道王衡穿越到了谁的身上吗？

59. 刚过完生日

好男人李雷不幸被雷劈中了，幸运的是他并没有死，而是穿越回了中国的古代。回过神来，他发现自己置身华丽的皇宫中，似乎刚刚过完自己二十九岁的生日，并且自己已经是一个高官了。环顾四周，他发现整个宫殿中，陈列的满是古董珍宝，在旁伺候的宫女楚楚动人，个个有闭月羞花之貌。心中窃喜，起身正要说话，突然，旁边一英武男子冲上前来握住李雷的手，满脸关切地说道："子高，你终于醒了！"

"子高？什么情况？"李雷表情一僵，然后转为了丧气，你知道这是怎么回事吗？

60. 保镖不好当

杨松原是一个天天给老板免费加班的小职员，在一天晚上加班时，被吸进了电脑屏幕。回过神来，他发现自己居然穿越回了古代。此时正是夜晚，自己貌似是主公的贴身保镖，不远处人头攒动，似乎有两方人马正在交战。 想起自己此时的身份是主公的贴身保镖，那就得好好工作啊，这样才能升职加薪啊，小职员的心态又一次让他做出了选择。心急之下，杨松光着膀子空着手就冲了出去，刚出大帐便听见一人大喊："张绣，你居然敢造反！"

杨松此刻的心情十分复杂，十分纠结，你知道这是怎么回事吗？

61. 一秒钟变皇帝

唐源是一个喜欢做白日梦的宅男，他最大的梦想就是一秒钟变皇帝，然后分分钟建立一个庞大的后宫。现在他终于如愿以偿了，此刻的唐源身处大殿之中，一身皇袍端坐龙椅之上，但怎么也感觉不到自己身上有那种皇帝的王霸之气，正疑惑间，一小卒上前说道："陛下，晋王司马炎来了……"

唐源心中无奈地呐喊：一秒钟变皇帝，分分钟建后宫……破灭啦……

你知道唐源为什么会这样吗？

62. 悲催的"宫穿"粉丝

韩梅梅是一个狂热的后宫穿越剧粉丝，她最大的愿望就是穿越回古代，成为一名宫女，然后依靠自己的绝色姿容，和无与伦比的智慧逐步上位，然后妖乱天下。此刻的韩梅梅宫装束发，立于一辉煌大殿之上，环顾四周，大殿对面有一座宏伟的楼阁，上面似乎写着"观星"二字，正思索间，忽听大殿上一个极其妖媚的女人说道："她是姜后以前身边的宫女，怨恨大王杀了姜后，听说……"

韩梅梅立刻感觉到似乎哪里不对，可是哪里不对呢？

63. 受禅惊变

李明穿越，悠悠转醒，发现自己竟然穿越回了古代，可自己依旧是一副身宽体胖的样子，不过还好，自己现在官居太师，手握重兵，尤其是那些勇猛的西凉军，勇猛无敌，帐下猛将如云，兵镇京师，权倾朝野，赞拜不名，剑履上朝，美人相伴，这些事情居然在此刻都成为了事实，这让李明如何不乐。有一天，陛下宣诏禅让，李明心下大喜，立刻身着重铠，坐豪车前去等待禅位。眼见天下将得，不想在路上居然遭到了暗算，所幸仅左臂受了点轻伤。然后，李明潜意识作祟，脱口而出："吾儿奉先尚在？"话毕，见一威猛男子提画戟奔来护驾。

李明瞬间狂吼，大侠饶命……这是怎么回事呢？

64. 穿越不该弹琴

李丹是一个才艺双绝的电影演员，她在一次拍戏的时候不幸穿越了。一阵恍惚之后，李丹发现自己素手芊芊正在抚琴，琴音有如天籁，旁边两位华服公子正听得入神。虽说李丹还没搞清楚现在的状况，但她已经在想该选谁做自己的男主了。就在她胡思乱想的时候，忽听其中一人连呼"好手，好手……"

李丹琴声骤停，不可思议地看着眼前之人，一种绝望之感油然而生，你知道这是怎么回事吗？

65. 我是被逼的

张大明一觉醒来发现自己穿越了，环顾四周后，他发现此时正值深夜，自己居然身穿龙袍，栖身于宫内一条狭长的小巷之中，颇为狼狈。正疑惑间，突然发现两个十分英武的将领，带着数十个魁梧大汉出现在自己面前，其中一人忽然说道："陛下，宇文将军等候您多时了。"

张大明瞬间感到一股热流直冲脑顶，心中狂呼悲催。你知道这是怎么回事吗？

66. 五行多水

陈松酒后不幸落水，但幸运的是他没有因此而丧命，因为他成功穿越了。穿越后的陈松发现自己锦衣华服，立于战船之上，周围之人无不对其恭敬有加，口中连呼汉王。此时的陈松有一种飘飘然的感觉，正盘算着自己如何征伐天下，做一名有为明君之时，忽听小兵来报："殿下，鄱阳湖到了。"

陈松顿时脸色一变，呆立当场，你知道这是为什么吗？

67. 他不是死了吗

王可穿越后，发现自己居然被缚于朝堂之上，搜索记忆后又发现自己居然是一个英勇无畏的抗清英雄。刚想出声争辩，忽听堂上一面相凶恶的衙役恶声说道："此乃洪大人！"下意识间，王可怒呼："不要骗我！洪亨九先生死于大明国事已久……"

话刚出口，王可就意识到了有些不对。是哪里不对呢？

68. 不能乱诉苦

小霍穿越后，发现自己居然变成了一个军功显赫的大将军，被封梁王，但此刻却因被人诬蔑谋反，被罢黜为平民，流放蜀地。作为一个穿越人士，小霍心里怎能不感觉到憋屈呢。正巧，在流放途中，遇到一华贵美妇，还是记忆中的相熟之人，就向其倾诉心中的抑郁。华贵妇人最后对他说："你与我同去洛阳诉说冤情如何？"

小霍万分高兴，认为机会来了，可是脑中突然闪过一丝不祥的预感。你知道这丝不祥的预感是怎么回事吗？

69. 被迁怒的下场

景阳是一个军事狂人，他在一次实验中成功穿越。穿越后的景阳，发现自己卧于病榻之上，床前的衣架上挂着一身华丽的盔甲。搜索记忆，发现自己被封武安君，居然是一个了不起的大将军，前几天似乎还很有范儿地拒绝了国君的进攻命令。正在他遥想以后如何征伐沙场，立不世之功时，突然有一使者前来："将军何在，还不速来迎接大王赐剑！"

景阳看着使者送来的宝剑，久久不能平复心中的怨气，你知道这是怎么回事吗？

70. 没写谋反信

杨明穿越后，发现自己深陷囹圄之中，虽然身着囚服，却依旧有王霸之气。正在杨明苦思如何摆脱牢狱，并找机会张显才能，大显身手之际，忽见一个宦官来到自己面前，举着手里的一封信说："丞相大人，有此信为证，还不承认你与你的儿子要谋反吗？"杨明疑惑间，看向宦官手中的信，上面似乎有阿房二字。

杨明心中瞬间充满了绝望，你知道杨明绝望何来吗？

71. 高高兴兴上朝去

王大宝穿越后，发现自己身处一豪华房间之内，一身文官打扮，地位似乎不低。搜索记忆，发现自己居然是当今皇帝的老师，更被尊为"智囊"，而且就在前不久，还向皇帝提出了削藩的建议。正在王大宝妄自得意间，忽有使者前来，说："陛下有命，召你立刻入朝议事！"听到皇帝召见，王大宝立刻兴高采烈地跟着使者一同驱车前往大殿，就在车马经过长安东市时，使者忽然下令停车，取出一纸诏书……

王大宝看着使者手中的诏书，立时觉得天旋地转。你知道发生了什么事吗？

72. 小兵也是可怕的

李成一觉醒来，发现自己身处一大殿之中，似乎是一方势力的首领。搜索记忆发现，此时正是乱世，自己前几天似乎刚刚强迫皇帝禅位给自己，并已登基为帝。正在李成畅想着如何争霸天下，江山美人尽归于他的美好未来时，忽然有一猥琐小兵来报："我军已被陈霸先和王僧辩打败了。"

李成看着眼前的小兵，顿时感到一股凉气直冲头顶，你知道这是怎么回事吗？

73. 病得不是时候

王朗穿越后，发现自己卧于龙床之上，周围宫女太监无数，还有太医在给自己诊病。王朗顿时感到一种兴奋："莫非我当皇帝了，可怎么还病了呢？"

正疑惑间，只听太医说道："刺头微微出血，可以治愈。"

王朗心中顿时一松，原来不是什么大病。可正在他要说话时，忽听帷帐中有一女子声音传来："此医可斩首，想要在皇上头上刺出血来吗！"

听闻此言，王朗顿时心中紧了又紧，差一点喷出一口鲜血。你知道为什么王朗会有如此反应吗？

74. 御苑之行

宅男伍兹不幸穿越，恍惚过后，伍兹发现自己身穿龙袍，位尊九五，乃是一国之君。环顾四周，发现此刻自己正身处皇家御苑之中，良辰美景之下，伍兹不由自主地开始畅想美好的未来，筹划自己如何大展拳脚，开疆扩土，成为一方霸主。想着想着，忽然看见眼前有一棵很眼熟的歪脖子树。

伍兹看见此场景，不由心中一惊，什么宏图大业，什么开疆扩土，以后再说吧，先解决眼前的问题才是关键。那么，你知道伍兹遇到什么问题了吗？

08

第八章

CHAPTER

历史谜语集锦

下面是一些简单而有趣的历史谜语，其中可能是猜人物，可能是猜事件，也可能是猜一些历史名词或者其他什么东西，好好猜一猜，看看你能猜出多少。

1. 夕阳西下

猜一古代地名

2. 黑人的孩子

打一古代历史人物

3. 三八线两边

猜一历史时期

4. 厉害的仆人

打一古代少数民族名

5. 封山育林

猜一古代历史人物

6. 孔雀收屏

猜一历史人物

7. 只会打仗的皇帝

猜一皇帝称号

8. 一棵白菜没有叶

猜一古代历史人物

9. 村落

猜一古代历史人物

10. 山上的盐厂增产

打一近代皇帝

11. 遇到神医妙手回春

猜一古代历史人物

12. 顺其自然

猜一古代城市名

13. 绝非男人

猜一古代少数民族名

14. 捷报

猜一古代历史人物

15. 爷爷打冲锋

猜一历史人物

16. 定期上工

打一历史人物

17. 耶

猜一古代历史人物

18. 苦孩子出来闹翻身

打一历史名词

19. 红墙

打一古代地名

20. 夏天穿着棉袄打仗的皇帝

猜一皇帝称号

21. 嬴政缺钱

猜一历史人物

22. 无病鸡舍

猜一历史人物

23. 黄豆以德服人

猜一历史人物

24. 旭日东升

猜一古代历史人物

25. 强盗的法则

猜一古代历史人物

26. 妻子占理

猜一古代历史人物

27. 一星期换一次

打一历史书籍

28. 省吃俭用

猜一古代官职

29. 全班成功考大学

猜一历史人物

30. 农牧副渔发展快

猜一古代历史人物

31. 万般皆下品

猜一古代官职

32. 朝廷的澡堂子

猜一古代历史人物

33. 曹丕没烦恼

猜一古代历史人物

34. 打算骑马搬家

猜一古代历史人物

35. 风调雨顺

猜一古代历史人物

36. 梅菜扣肉

猜一古代历史人物

37. 诗仙惜光阴

猜一古代历史人物

38. 有好身体才能有好事业

猜一古代历史人物

39. **蜂窝**

猜一古代历史人物

40. **云开雾散，重见天日**

打一近代革命团体

41. **明空**

猜一古代历史人物

42. **苦孩子出来闹翻身**

打一历史名词

43. **屋外很脏**

猜一古代历史人物

44. **睁眼远眺**

猜一古代历史人物

45. **猪肉圈**

猜一古代历史人物

46. **宠物商店**

猜一古代历史人物

47. 优秀的坐骑

猜一古代历史人物

48. 斋面调料

猜一古代历史人物

49. 凿壁偷光

猜一三国历史人物

50. 多次做错事

猜一中国历史人物

51. 唐太宗自传

打一唐代历史人物

52. 汉孰与我大

猜一历史国家名字

53. 说尽心中无限事

打一近代皇帝

54. 会诊

打一近代皇帝

55. 比原来更牢固

猜一唐代文学家

56. 足球场的地面

猜一中国历史人物

57. 山东马戏团

猜一中国历史人物

58. 磨刀霍霍

猜一古代官职

59. 巴士上的广告

打一历史名词

60. 泰山腾空

打一中国历史人物

61. 桃李花开日，梧桐叶落时

打一古代名著

62. 没带走闹钟

猜一三国时期人物

63. 胜利毋忘苦

猜一古代历史人物

64. 比较便宜

猜一春秋战国人物

65. 老子学问通古今

打一唐代名人

66. 目不斜视

猜一古代历史人物

67. 给爷爷出主意

猜一三国时期人物

68. 说话有分量

打一古代名著

69. 为祖父代笔

打一近代历史人物

70. 不准放牛

打一唐代诗人

71. 老大喜洋洋

猜一春秋时期名人

72. 天不绝曹

打一历史人物

73. 忽然痊愈

打一古代名人

74. 试金石

打一唐代历史人物

75. 和平年代的战争

猜一古代历史事件

76. 天子重礼仪

猜一近代历史人物

77. 父亲

打一古代人名

78. 牛郎织女鹊桥断

打一近代史事件

79. 秋收暴动

打一历史事件

80. 百年好合

打一历史年号

09

第九章

CHAPTER

参考答案

第一章　答案

1．这是哪位木匠界的历史名家

答案：D．墨子。

2．这是哪位发明巨匠

答案：C．马钧。

3．刺客联盟

答案：1．B；2．D；3．A；4．C

4．明朝时期的“格林机关枪”发明者

答案：赵士桢。

5．造塔“鲁班”

答案：喻皓（亦称预浩）。

6．穿越之我是谁

答案：那个东西是浑天仪，“我”是汉代科学家张衡。

7．赵州桥的生身之父

答案：李春。

8．猜猜他是谁

答案：刘徽。

9．北宋的“百科全书”

答案：沈括。

10．悲剧的医生

答案：华佗。

11．史上第一水力鼓风机

答案：A。

12．这是中国的哪位数学家

答案：C。

13．一个不安分的和尚

答案：姚广孝。

14．一个聪明的和尚

答案：曌。明空和尚只会写自己的法号“明空”，于是他灵机一动，将明空写在了一起，释意为“日月当空照”，于是便造出了“曌”这个字。而曌字中的日、月也有阴阳调和之意，正符合武则天当时的情境，所以武则天对这个字十分满意。

15．这都是哪个女人

答案：1．C；2．E；3．B；4．A；5．D。

16．儿科鼻祖

答案：B。

17．《春秋》三传

答案：A。

18．商界奇才1

答案：吕不韦。

19．商界奇才2

答案：沈万山。

20．商界奇才3

答案：范蠡。

21．名医们的著作

答案：1．E；2．D；3．A；4．B；5．C。

22．道教四大真人

答案：1．B；2．D；3．A；4．C。

23．道教四子真经

答案：四子真经是：《南华真经》；《冲虚真经》（又名《冲虚至德真经》）；《通玄真经》；《洞灵真经》。

24．这是哪位天文学家

答案：石申。

25．天文学与医药学的双料奇才

答案：苏颂。

26．出身皇族的音律巨匠

答案：朱载堉。

27．中国第一台相机的缔造者

答案：邹伯奇。

28．中世纪世界最伟大的数学家

答案：朱世杰。

29．历史奇才排排站1

答案：正确顺序为：A．陆羽是唐朝人。C．包拯是北宋时期的官吏。D．宋慈是南宋官吏，史料记载其生于1186年，卒于1249年。B．文天祥也是南宋时期的官吏，史料记载其生于1236年，卒于1283年。他要比宋慈晚出生50年。

30．历史奇才排排站2

答案：霍去病为西汉时期将领；苏定方为唐朝时期将领；岳飞为南宋时期将领；戚继光为明朝时期将领，史料记载他生于1528年，卒于1587年；郑成功为明末将领，史料记载他生于1624年，卒于1662年，比戚继光晚出生96年。

31．中国古代十大名医

答案：针灸之祖——黄帝；脉学倡导者——扁鹊；外科之祖——华佗；医圣——张仲景；预防医学的倡导者——葛洪；药王——孙思邈；法医之祖——宋慈；药圣——李时珍；儿科鼻祖——钱乙。

32．勾股定理

答案：B．400到500年。

33．这是一个皇子

答案：乾隆的第五子，爱新觉罗·永琪。

34．一个女人

答案：上官婉儿。

35．传说中的女人

答案：苏小妹。

36．先秦神将

答案：吴起。

37．丝绸之祖

答案：B．嫘祖。

38．高僧

答案：法显。

39．航海家

答案：徐福。

40．中西汇通

答案：徐光启。

41．中西方的巧合

答案：汤显祖。

42．泰山

答案：指的是鲁班的徒弟泰山。泰山是一个制作竹器的高手，早年因为学习木匠手艺不精而被鲁班逐出师门。多年后，鲁班在集市上见到制作非常精美的竹器，便想结识一下这位竹器大师，结果发现这个大师居然就是多年前被他逐出师门的徒弟泰山，于是鲁班感叹说："我真是有眼不识泰山啊！"

43．通鉴

答案：C．司马光。

44．千古奇人

答案：A．王诩。

45．才子

答案：明朝江南四大才子之一的唐寅（唐伯虎）。

46．佳人

答案：宋朝著名女词人李清照。

47．鬼才

答案：东汉末年时期，曹操帐下的军师郭嘉。

48．好好先生

答案：东汉末年的著名隐士司马徽。

49．不爱当官爱文艺

答案：李渔。

50．笔注华夏

答案：郦道元。

第二章 答案

1. 死得其“所”的君主

答案：B. 晋景公姬獳。

2. 强人死的也窝囊

答案：C. 韩信身死长乐宫。

司马迁所著《史记·卷九十二·淮阴侯列传第三十二》相国绐信曰：“虽疾，彊入贺。”信入，吕后使武士缚信，斩之长乐钟室。

3. 靠“坑爹”发家的牛人

答案：C. 刘备。

4. 在位时间最短的皇帝

答案：C. 金昭宗完颜承麟，他在位时间不足一个时辰。汉废帝刘贺在位27天。明光宗朱常洛在位30天。元宁宗孛儿只斤懿璘质班在位53天。

5. 最尊贵的木匠

答案：有木匠皇帝之称的明熹宗朱由校。

6. 不要当面拿别人开涮

答案：春秋时期，陈国第十九任国君陈灵公。

7. 文艺范的昏君

答案：B. 后唐的建立者李存勖。

8．好色的昏君

答案：汉成帝刘骜。

9．“脑残”的昏君

答案：晋惠帝司马衷。

10．倒霉的明君

答案：宋太祖赵匡胤。

11．一个玩笑引发的血案

答案：晋孝武帝司马曜。

12．君主也是可以被饿死的

答案：梁高祖武皇帝萧衍，他是南北朝时期梁朝政权的建立者。他晚年时期，爆发了“侯景之乱”。

13．又一个被饿死的君主

答案：赵武灵王——赵雍。他是战国中后期赵国的君主，在位时，推行“胡服骑射”政策，赵国因而得以强盛。前296年的沙丘之乱中，赵雍被幽禁饿死，谥号为武灵王。

14．举鼎之殇

答案：这位君主是秦武王，《史记·秦始皇本纪》作秦悼武王，战国时期秦国君主。嬴姓，赵氏，名荡，秦惠文王之子，在位3年。

15、两个好基友

答案：这两个人是汉哀帝刘欣与他的宠臣董贤。

16．作弊高手

答案：温庭筠。

17. 被人坑害的聪明人

答案：B. 孙膑。

18. 在位时间最短的小孩

答案：高恒（北齐幼主）8岁即位，25日后，北齐亡国，所以他仅当了25天的皇帝。

19. 一帮小孩儿

答案：B. 汉献帝刘协。他是9岁继位的。

20. 自食其果

答案：这个唐朝时期的酷吏名叫周兴，“请君入瓮”的典故便由此而来。

21. 倒霉的文艺青年

答案：南唐后主李煜。

22. 受伤的总是他

答案：伍子胥。

23. 不作死就不会死

答案：明成祖朱棣的次子朱高煦。

24. 临行前的演唱会

答案：这两个人是将要去刺秦王的荆轲，和以击筑闻名于世的音乐家高渐离。

25. 倒霉的国号

答案：C. 周。秦灭周天子，隋取代北周，宋篡夺后周，三个被灭掉的王朝国号都是周。

26. 短命王朝后世之福

答案：隋、唐。

隋朝源自581年隋文帝杨坚受禅于北周静帝建立隋朝，至618年隋恭帝杨侑禅让李渊，隋朝灭亡为止，国祚38年，是上承南北朝、下启唐朝的一个重要的朝代。

27．据说是天花

答案：同治皇帝，即爱新觉罗·载淳。

28．梦与名字

答案：丁显，显字的繁体字是顯，正是日下双丝，他中状元那一年28岁，可说是少年得志，但英年早逝。

29．高龄考生

答案：蒲松龄。

30．别字状元

答案：孙家鼐。他是清朝光绪皇帝的老师。

31．偷鸡不成

答案：这位水利专家名叫郑国，他所组织开通的渠叫郑国渠。

32．看名字猜名人

答案：朱重八，他就是明朝开国皇帝朱元璋。

33．不要当和尚

答案：这个“小和尚”是有茶圣之称的陆羽，他是唐朝人。

34．钻裤裆的少年

答案：这个钻人裤裆的孤儿就是西汉开国功臣之一的韩信。

35．美味的墨水

答案：王羲之。

36．忘了相亲的青年

答案：这个青年是王羲之，“东床快婿”一词便由此而来。

37．尿床的孩子

答案：司马光。

38．邋遢大王

答案：王安石。

39．亲尝百草的大夫

答案：A．李时珍《本草纲目》。

40．军情紧急也要吃肉

答案：B．元世祖忽必烈。

41．仗剑出游的大诗人

答案：C．李白。

42．行军还要吃肉

答案：D．宗泽。

43．练字

答案：东晋书法家王献之。

44．第一个坐火箭的人

答案：A．万户。

45．绿色大使

答案：“囚”字。因为四方加木为困，四方加人则为囚。

46. 主帅不是好当的

答案：赵括（纸上谈兵的主人公）。

47. 你不是要我呢吧

答案：张良。

48. 那人才有王霸之气

答案：曹操。

49. 他很搞笑

答案：东方朔。

50. 盗墓笔记

答案：曹操。

第三章　答案

1. 四大发明之造纸术

答案：假的。因为蔡伦只是改良了造纸术，不是发明了造纸术。早在西汉时期聪明的劳动人民便已经造出了纸张，只不过那时的纸张造价昂贵而且产量极低，不是平民百姓能用得起的。到了东汉时期，蔡伦利用树皮、麻头及敝布、鱼网等原料，经过挫、捣、抄、烘等工艺制造的纸，是现代纸的渊源。这种纸，原料容易找到，又很便宜，质量也提高了，逐渐普遍使用。为纪念蔡伦的功绩，后人把这种纸叫作“蔡侯纸”。

2. 那句传说中的爱情誓言

答案：是真的。因为“执子之手，与子偕老”这八个字出自《诗经》“邶风”里的《击鼓》篇，原句是“爰居爰处，爰丧其马。于以求之，于林之下。死生契阔，与子成说。执子之手，与子偕老。于嗟阔兮，不我活兮”。意思是“安营扎寨有了家，系马不牢走失马。叫我何处去寻找?原来马在树林下。无论聚散与死活，我曾发誓对你说。拉着你手紧紧握，白头到老与你过。叹息与你久离别，再难与你来会面”。原文内容是歌颂战友之情，是两名战友在艰苦漫长的远征环境中相互勉励之词。只是现如今被讹传成了恋人间的爱情誓言了。

3. 被掳走的陈圆圆

答案：有误。掳走陈圆圆的不是李自成，而是李自成手下的部将刘宗敏。

4. 奉天承运皇帝诏曰

答案：不是。正确的读法应该是“奉天承运皇帝，诏曰”。其中的“奉天”是说“奉天命”，“承运”是说承“五德”（《史记》中记载，“五德”即是黄帝得土德，夏得木德，殷得金德，周得火德，秦得水德）的运行。所以秦朝以后，封建社会的皇帝兼用“天命”与“五德”这两种虚构，自称为“奉天承运皇帝”，因此这句话的正确说法应该是“奉天承运皇帝，诏曰”。

5. 刮骨疗毒

答案：假的。据史书记载，关羽刮骨疗毒的事情发生在建安二十四年（即公元219年），而华佗早在11年前（即建安十三年，公元208年）就已经死了，一个死人是不能给活人刮骨疗毒的。

6. 焚书坑儒

答案：不正确。公元前221年秦朝建立，但由于当时社会上百家争鸣，不利于秦朝的统治，于是丞相李斯在公元前213年向秦始皇进言说愚儒“入则心非，出则巷议，非主以为名，异趋以为高，率群下以造谤”。于是秦始皇便下令焚毁除《秦记》以外的所有六国史书和私藏于民间的《诗》《书》等，此事一直延续到公元前206年秦朝灭亡，史称“焚书”。“坑儒”则是在“焚书”之后的第二年，指的是秦始皇在当时秦首都咸阳将四百六十余名术士坑杀。根据《史记》记载，侯生、卢生这两个术士用儒家口吻批评偏重法家的秦始皇，惹怒了秦始皇，这两人心知必死，便开始逃亡，而秦始皇为了寻找此二人，便发生了“坑儒”事件。准确地说“焚书坑儒”应该是焚诗书，坑术士。《史记·卷一百二十一·儒林列传》中记载，术音“述”，术士，即述士；述士即儒士。

7. 万里长城

答案：不正确。北京八达岭长城属于明长城的一段，显然其修建于明朝时期。秦长城西起临洮，东到辽东，主要由土筑成，目的是抵御匈奴的进攻。明长城西起嘉峪关，东到鸭绿江，主要由条石和青砖所砌，目的是防范蒙古骑兵的侵扰。

8. 大统一的秦王朝

答案：不正确。还有一个周王朝的姬姓诸侯国卫国（今河南沁阳市）因为弱小而得以保存。

9. 大秦的末代皇帝

答案：不正确。大秦帝国的最后一位皇帝为秦三世子婴。他是秦朝最后一个皇帝，在位仅46天，初称皇帝，后来改称“秦王”，史称“秦王子婴”。

10．酒温斩华雄

答案：不正确。华雄是中国东汉末年时董卓帐下都督。公元191年，关东军阀联合讨伐董卓，时任长沙太守的孙坚大破董卓军，华雄在此战中被孙坚一军所杀。

11．女帝

答案：不正确。准确地说，武则天是中国历史上唯一一个有国号的正统女皇帝。在中国的历史上，还有一位女皇帝元姑娘（真名不详），即北魏殇帝，她是鲜卑人，中国北魏的皇室成员，姓元氏（本姓拓跋氏），是北魏孝明帝元诩与宫嫔潘充华的女儿，也是孝明帝唯一的骨肉。出生后因时局危险，所以她的祖母皇太后胡氏对外宣称本为皇女的她是皇子，孝明帝死后她便继了位。此外，唐代浙东农民起义军女首领陈硕真，仿照唐朝官制建立了政权，并自称文佳皇帝，只不过她所领导的起义军，寡不敌众，最后兵败身死。

12．诸葛亮的空城计

答案：假的。根据正史《三国志》中的《三国志·蜀·诸葛亮传》记载，当时是蜀汉建兴六年（228年）春天，诸葛亮兴兵北伐，魏明帝曹叡派曹真统兵御敌。诸葛亮料到街亭是此战的战略要地，便派马谡驻守，但却被魏将张郃所破，街亭丢失。诸葛亮因此北伐失败，含恨退兵。此时的司马懿则身在千里之外的洛阳，他在攻克孟达后已回驻宛城，与空城计的事发地点相去甚远。

13．诸葛亮三气周瑜

答案：假的。这是《三国演义》里虚构的一个故事，正史上并无此事，并且周瑜气量也非常宽宏。正史中记载，公元208年赤壁之战后，曹操兵败退南郡，周瑜与程普乘胜追击，在此过程中不幸右肋为流矢所伤，伤势严重，退兵回营。公元210年，周瑜提出征伐西蜀的方案，孙权应允，就在他赶回驻地江陵准备出征的路上得了重病，最终卒于巴丘，时年三十六岁。孙权亲自穿上素服，左右皆感动不已。

14．全真教

答案：有。全真教也称全真道，是中国道教的重要派别，金朝时由王重阳于山东宁海所创。

15. 学士、硕士与博士

答案：不是。博士，最早出现在战国时代，是个官名。秦始皇时，博士只做政府顾问。汉代以后，博士开始任学官，担任教学工作或者是授予一些专门技艺、专门学问的职官，如“天文博士”、“太医博士”等。唐宋以后，社会上对从事某种职业的人也俗称博士，如“茶博士”、“酒博士”等。硕士的称呼最早起源于五代，指那些德高望重、博学多识的人，因史书对其提及不多，所以推测硕士不是正式的官名或职称。学士最早出现于周代，指的是那些在学读书的贵族子弟，后来逐渐变成官名和有学问的人以及文人学者、饱学之士的泛称。

16. 五斗米教

答案：不对。五斗米教也称米道或者鬼道，是活动于巴郡、汉中一带的张修所创，张鲁杀张修得权，并编造出“三张”传说和天师崇拜，才树立起张天师的教主形象。关于张修，其生年不详。根据《典略》说法，他的活动年代应该是晚于张陵，与骆曜、张角同时代，是巴汉一带五斗米道的早期领袖。所以五斗米教真正的领袖和创立者是张修，而不是后人说的张陵。

17. 谁官更大

答案：玉帝全称“太上开天执符御历含真体道金阙至尊昊天玉皇大帝”，在中华文化中，玉皇大帝被视为众神之王，在道教（创始人为老子）神阶中修为境界不是最高，却是最高神权的拥有者。如来则是释迦牟尼佛，是印度佛教的创始人，即佛教教祖。这二者属于两个不同的宗教的至高者，不可同比，若真要比较，他们应属同级，所以《西游记》中玉帝跪拜如来的桥段，只是为了弘扬佛法而编造出来的不合理情节。

18. 万恶的庞太师

答案：原型人物为北宋仁宗年间外戚张尧佐。他是个借女之势换得高位，实则无德无能、庸碌贪婪的“太师”。他才是诸如《三侠五义》、《呼家将》等小说中“庞太师”的原型。实际上，“庞太师”三个字只是作家编出来的名称代号。

19. 宦官

答案：正确。

20．华表

答案：不正确。相传舜继位后，在朝廷前设立了一个叫“诽谤木”的木牌，让百姓把他们的一些批评意见写在上面。因舜为姚姓，名重华，所以“诽谤木”又称“华表”，发展到后世，华表便成为了宫殿门前的标志性建筑。

21．谥号与庙号

答案：不正确。谥号是人死之后，后人给予评价的文字，相传谥号制度形成于西周早期，如隋炀帝就是谥号（古代《谥法》说，“好内远礼曰炀，去礼远众曰炀，逆天虐民曰炀，好大殆政曰炀，薄情寡义曰炀，离德荒国曰炀）。庙号同样是皇帝驾崩后，于庙中被供奉时所称呼的名号，起源于商朝。如唐高祖就是庙号。一般来说，最早的皇帝多用谥号，后来者则多用庙号。对于当朝皇帝来说，他们是没有谥号或者庙号的，所以时人不可能直呼其谥号或者庙号，这是现代影视剧中的不严谨之处。

22．“盛世”大比拼

答案：据《隋书》、《旧唐书》、《新唐书》记载：唐朝最强盛的“开元盛世”时期，全国有户820万，是唐朝的最高值；而隋朝“开皇之治”时期，全国就有户890万。终唐一世，各项经济指标都没有恢复到隋朝水平。

23．疑云重重的“桃园三结义”

答案：没有。正史中从未记载过刘、关、张结义之事，《三国志·刘晔传》中说：“且关羽与备，义为君臣，恩犹兄弟。”只是像兄弟一样，却不是结义兄弟。

24．“朱门”里的酒肉到底“臭”不“臭”？

答案：“臭”字在古代等同于“嗅”，有“发出香气”的意思，而不是现代人从字面上所理解的腐败发臭，“朱门酒肉臭，路有冻死骨”这两句诗的意思应该是：高官显贵们的朱红色的大门里，飘出了酒肉诱人的香气，可是路边却曝露着被冻死的人的尸骨。

25．一幅画“完胜”四大名著

答案：是北宋画家张择端的《清明上河图》，据斋藤正谦所撰《拙堂文话·卷八》统计，《清明上河图》上共有各色人物1600多人，动物200多头（只），比四大名著中任何一部描绘的人物都要多。

26．《满江红》作者是岳飞吗？

答案：近代学者余嘉锡最早对《满江红》的作者提出了质疑。他认为，这首词最早见于明代嘉靖十五年（1536年）徐阶编的《岳武穆遗文》。在岳飞去世（1142年）后，此词从不见于宋、元人的记载或题咏跋尾，突然出现于约400年后的明代中叶，这不能不令人生疑。同时，徐阶是根据1502年浙江提学副使赵宽所书岳坟碑收录的，而赵宽对这首弥足珍贵的宋词之源流出处，却一无所言，这样，《满江红》也就来历不明了。再说，岳飞的儿子岳霖和孙子岳珂，不遗余力地搜求岳飞遗稿，但在他俩所编的《岳王家集》中，却没有收录这首《满江红》，31年后重刊此书时，仍未收入该词，岂不怪哉？据此，余嘉锡认为《满江红》可能不是岳飞所作，而是明代人的伪托。

27．“草船借箭”另有他人

答案：是孙权。东汉建安十八年（公元213年），曹操带兵南下进攻东吴的濡须（今安徽无为东南），孙、曹两军隔长江相持了一个多月，也没分出个胜负。一天，孙权亲自坐船来到江面侦察敌情——孙权不想借箭，乘坐的也不是草船，只是察看敌情，结果却被曹军发现，曹军万箭齐发，孙权船的一侧中箭太多，有些倾斜，将要翻船。孙权急中生智，命人将船掉头，让另一面也受箭，两面中箭，船重新恢复平衡，结果平安归来。

28．炎黄子孙or黄炎子孙

答案：后世称“炎黄”而非“黄炎”，是因为从某一个历史时期开始，史学家们将炎帝与另一个更早的人物神农氏混为一体了。从先秦至西汉中叶，古籍对神农氏和炎帝都是分开叙述的，二人的事迹不同，时代也有先后；在提到黄、炎二帝时，也总是黄帝在前，炎帝在后。但到了西汉末年，刘歆为了给王莽篡位制造理论依据，硬是将神农氏与炎帝合二为一，后来，东汉的班固在修《汉书》时认为，刘歆这种做法对东汉王朝是有利的，便将这一说法进行大肆宣传，并且产生了巨大影响，从此“黄炎”变成了“炎黄”，直到今天我们仍习惯说“炎黄子孙”。

29. 秦始皇修长城竟然是因为一句谎言

答案：秦始皇迷信方术，始皇三十二年（公元前215年），他派方士卢生到海外去寻找仙人，好让自己长生不老、让国家长治久安。卢生多次寻访都没有任何收获，后来卢生带回了一本《录图书》，这本谶书上记载了一个惊天秘密："亡秦者，胡也。"秦始皇认为"胡"指的是北方的匈奴人，于是命大将蒙恬率三十万大军北击匈奴，击溃匈奴之后，又命蒙恬率大军修建长城。结果秦国因为修长城和始皇陵而耗尽国力，秦朝二世而亡，"亡秦者，胡也"这句谶语应验在了秦始皇的儿子胡亥身上。

30. 孔子主张活人殉葬吗？

答案：孔子是坚决反对活人殉葬的。这里的"始作俑者，其无后乎"应该是反问语气，这一点可以从《论语》中得到印证。《论语》中大部分以"乎"字结尾的句子，都是疑问句或反问句。周朝最早用活人殉葬，后来则用陶俑殉葬，但当时有些思想守旧的人却认为，用陶俑殉葬不能体现自己对祖先的"诚心"，将来会断子绝孙。针对这一情况，孔子反问道："最开始用陶俑来殉葬的人，他们难道断子绝孙了吗？"

31. 火烧阿房宫之谜

答案：《史记》中所说的"烧秦宫室，火三月不灭"，已在考古发掘中得到证实，这些"宫室"，是被火烧过的秦都咸阳宫和其他秦朝宫室，而不是地处渭河以南的上林苑中的阿房宫。真正的阿房宫，还没有来得及建成，秦朝就灭亡了，这一点已经是考古学界公认的事实。至于杜牧的《阿房宫赋》，只不过是文学家的虚构罢了，不要忘了，"杜撰"这个词，就是从杜牧身上得来的。

32. 马可·波罗真的来过中国吗

答案：事实上，马可·波罗只是到过今天中亚一带（当时元朝的疆域空前广大，中亚地区也在元朝管辖范围内），却从来没有到过中国本土。马可·波罗在游记中记载的所见所闻，大部分是从中亚的波斯商人口中听说的，而受元世祖赏识、做官十七年、护送公主出嫁等等，都是他为了抬高自己的身价而编造出来的。不过，《马可·波罗游记》在开拓东西方交流方面确实做出了巨大的贡献。

33. 炮弹里装沙子是因为清朝官员腐败吗

答案：炮弹里装沙子并非是因为清廷腐败。当时北洋海军各舰使用的炮弹主要有两种，一种是开花弹，另一种则是实心弹。开花弹的弹头内填充的是火药或炸药，击中目标后会发生爆炸；而实心弹的弹头内则很少装药或不装药，更多时候是填充泥土、沙石来配重。实心弹击中目标后当然不会爆炸，其作战意图是凭借重力加速度击穿敌舰引起进水。《甲午风云》电影中所展现的，实际上就是这种实心弹，它虽然不会爆炸、威力小，但却是北洋海军最常用的炮弹。当时，中国只能制造技术难度相对较低的实心弹，而开花弹则要依赖进口。不过，这却可以从侧面反映大清王朝的腐朽，因为北洋海军的军费被慈禧太后用来修颐和园，无力购买大量的开花弹，只能使用本国生产的实心弹，这也是甲午海战惨败的原因之一。

34. “四大名著”之一在明朝是禁书

答案：是《西游记》。《西游记》崇佛抑道，书中有很多内容都是贬损道教的，如“车迟国斗法”、“比丘国救小儿”等等，而明朝有多位皇帝都是信奉道教的，其中最典型的当属嘉靖皇帝。另外《西游记》中还有“皇帝轮流做，明年到我家”这样的话，因此它成为禁书也就不足为奇了。《水浒传》只反贪官，不反皇帝；《金瓶梅》只是受到道学家的批评，它们都没有被禁。

35. 龙袍和蟒袍到底一样不一样

答案：龙袍和蟒袍的主要区别在于龙爪的数量，爪即脚趾。清代皇帝的龙袍上为九龙、五爪，颜色以黄色为主；蟒袍则为九龙、四爪，颜色以青色、红色为主，这是清代等级制度的规定。清朝以前，还存在过三爪、四爪的龙袍，龙袍和蟒袍的样式并没有太大区别，只是限于严格的等级制度，凡是皇帝所穿都称为龙袍，文武百官所穿就都称为蟒袍。

36. 不孝有三，无后为大

答案：“不孝有三，无后为大”出自《孟子·离娄上》，全文是：“不孝有三，无后为大。舜不告而娶，为无后也。君子以为犹告也。”孟子所说的三种不孝行为是指：一味顺从，见父母有过错而不劝说，将他们陷于不义的境地，这是第一种不孝；家境贫穷，父母年老，自己却不去当官挣俸禄来供养父母，这是第二种不孝；第三种不孝，就是“无后”，而且是最大的不孝。这里的“无后”，理解为没有后代是可以的，因为古人非常重视生育繁衍，“无后”意味着宗族的灭绝，但是将其解释为“没有尽到后辈的责任”则更为通顺，因为我们联系后文，说舜没有禀告父母就娶了妻子，就被认为是“无后”，娶妻这么大的事情，居然不禀告父母，所以按照常理来看，舜就没有尽到当儿子的责任。那么后面为什么还有“君子以为犹告也”呢？这是因为舜的父母对舜非常不好，曾经多次想要害死舜，所以开明的君子认为舜“不告而娶”也是情有可原的。

37．杜甫之死

答案：杜甫真正死因是糖尿病。从杜甫留下的诗作中，我们可以发现：诗人吟咏最多、最详细，给诗人带来最大痛苦的疾病是“消渴”，即现代人所说的糖尿病。在现存的1400余首杜甫诗作中，有140多处都记载了杜甫的病情，从病因、症状、治疗到并发症都有写到。杜甫一生嗜酒，临死前也是酒醉一场，大历五年（公元770年）夏天，杜甫因避兵乱到衡州，中途到了耒阳，恰遇大水，只好将船停泊在方田驿逗留。因无食物，杜甫挨饿大约十天左右。耒阳县令得知后，送来了牛肉白酒，杜甫吃得过多、饮酒过量，导致糖尿病并发酮症酸中毒或糖尿病心、脑血管并发症急性发作，最后溘然而逝。

38．“洞房”与新婚无关

答案：从东汉至唐初，结婚用的婚房不叫“洞房”，而称“青庐”。“青庐”是用青布搭成的帐篷，一般设在住宅西南角的“吉地”上，下轿的新娘从特备的毡席上走过，最后进入青庐，完成婚礼。至于“洞房”，在唐代以前并不是指新婚夫妇的卧房，它是指宫廷中豪华而又幽深的居室。由于唐代的文人骚客多用“洞房”一词来指代男欢女爱的场所，所以从唐代开始，人们便把“洞房”一词专门指代婚房了。

39．正月剃头会死舅吗

答案：关于“正月不剃头”这一民俗的来历，有一种说法流传最广，1644年，清军入关，为了巩固自己的统治，朝廷推行了一系列专制政策，“剃头留辫子”就是其中之一。汉人自古蓄发，认为“身体发肤，受之父母，不敢毁伤，孝之始也”，对汉人来说，剃头简直就是剃命。为了表示对清廷的不满，便有人编造出“正月剃头死舅”的说法，“死舅”的谐音是“思旧”，暗指思念旧朝，以此来缅怀祖宗。此后，“正月剃头死舅”的说法便在各地流传开了。“辛亥革命”之后，清王朝被推翻，“剃头留辫子”的老规矩也随之消失，“正月不剃头”尽管有一定的唯心色彩，却成为一种民俗流传了下来。

40．唐玄宗与“开元通宝”

答案：不对。“开元通宝”诞生于唐高祖武德四年（公元621年），开元即“开国奠基”之意，通宝则是“流通宝货”之内涵。唐初，社会上通行的是五铢钱，为整治混乱的币制，唐高祖决定废隋钱，效仿西汉五铢的严格规范，开铸“开元通宝”。最初的“开元通宝”四个字由书法家欧阳询题写，形制仍沿用秦方孔圆钱，规定每十文重一两，每一文的重量称为一钱，而一千文则重六斤四两。可以说，“开元通宝”与唐玄宗的年号“开元”并无关系。

41．赵括是不是“纸上谈兵”

答案：“纸上谈兵”这个成语的雏形诞生于唐宋时期，到清代正式成为一个成语。至于赵括，用“纸上谈兵”来评价他也并不恰当，一是因为他生活的时代还没有发明纸，二是赵括并非无能之辈，他年轻时跟随父亲赵奢出兵作战，发挥了很重要的作用，父亲对他也很赞赏。长平之战，赵括的部署是很得当的，赵军虽然损失了四十多万人，但秦军消耗的人力物力也不少，秦赵两军对峙的格局并没有改变。秦军虽然暂时占领了赵国的河东地区，但已兵力虚弱，不久便被赶走了。因此，赵括虽然是个失败者，但绝对不是无能之辈。

42．寻找怒鞭督邮的“真凶”

答案：历史上，真正怒鞭督邮的人是刘备。据《三国志·先主传》说：刘备讨伐黄巾军有功，被封为安喜县尉。督邮因公事到县，刘备去拜谒，门下不给通报，刘备直闯而入，捆绑了督邮，用棍棒打了二百下，解下了印绶，挂在督邮的脖子上，把他绑在拴马桩子上，弃官逃亡而去。罗贯中在小说中把鞭打督邮的事情安在张飞身上，一是为了突出张飞的莽撞个性，但更主要的还是为了反衬刘备的仁慈。

43．李元霸还是李玄霸

答案：在小说和评书里，李元霸是唐高祖李渊的第四个儿子。在真实的历史中，李元霸是李渊的第三个儿子，名叫李玄霸。在“隋唐”这部小说和评书长期流传的过程中，李元霸也一直被称为李玄霸。直到清朝建立，康熙皇帝继位，因为康熙皇帝名叫爱新觉罗·玄烨，皇帝的名字谁敢叫，为了避讳，李玄霸不得不“改名”为李元霸。

44. 隋炀帝真的“弑父淫母”了吗

答案：关于隋炀帝“弑父淫母”的记载很大程度上是魏徵等唐人在“泼脏水”，因为同样是《隋书·后妃列传》中就记载：陈氏被纳入隋朝后宫为嫔，由于“独孤皇后性妒，后宫罕得进御，唯陈氏有宠，”当时，“晋王广之在藩也，阴有夺宗之计，”所以“规为内助，每致礼焉。进金蛇、金驼等物，以取媚于陈氏。皇太子废立之际，颇有力焉。”这说明陈氏与杨广早就暗中勾结，因此，无论杨广是否非礼了陈氏，陈氏都不可能向隋文帝告状，这些事也根本不可能为外人所知。而且，《隋书》中很多对隋炀帝“不利”的记载都是直接取材于赵毅所著的野史——《大业略记》，而我们从《隋书》很多其他大臣的传记中都能找到反驳隋炀帝“弑父淫母”这一说法的证据，因此可以断定，隋炀帝“弑父淫母”完全是野史，不足为信。

45. 一代明君也会错杀大臣

答案：李淳风自称能够未卜先知，他给唐太宗留下了一句“唐三世之后，则女主武王代有天下”的谶语，李君羡的封号和官职中都有一个“武”字，而且李君羡的小名叫做“五娘子”，唐太宗因此怀疑李君羡或是他的后人就是夺取唐朝天下的人，因此便杀了他。

46. 因为一句话，一个朝代灭亡了

答案：张、王、刘、李、赵。

47. 中国古代的“握手”不吉利

答案：“握手”之所以被认为是不吉利的，是因为它是用在丧葬礼俗中的一个礼节，指的是用黑色带子系在死者手臂上的物品。先秦以后，这种丧葬风俗不仅被世袭，还得以发扬光大。据《新唐书·礼乐志》和《大明会典·丧礼》等古籍记载：古人在举行殡殓仪式时，要往死者嘴里放钱币、谷物等，以示人死后也要有饭吃有钱花，所放之物被称为“含”；要往死者耳朵填塞“充耳”，表示人死后充耳不闻阴间之鬼哭狼嚎；还要让死者手中拿着玉或者其他物品，表示不能让死者两手空空前往另一个世界，死人手里握着的物品就被称为“握手”。直到晚清，“握手”依然被用作丧葬礼仪。因此，《文明小史》和《官场现形记》中才将“握手”写成了“拉手”。

48. 我们的“中国梦”

答案：据专家考证，最早使用“中国梦”一词的是南宋诗人、画家郑思肖。他在《德祐二年岁旦》这首诗中写下了这样两句：“一心中国梦，万古《下泉》诗。”表达了自己对于收复中原的强烈愿望和对南宋王朝的不满。这里的“中国”，指的是中原地区；《下泉》诗是指《诗经·曹风》中的一首诗。

49. 日本人也把郑成功视为民族英雄

答案：日本人将郑成功视为民族英雄，主要是因为郑成功有日本血统并且出生于日本。郑成功的父亲郑芝龙曾是一名海盗首领，在日本流落多年，并且与日本女子田川松结合，于明朝天启四年（1624年）在日本平户海滨生下了郑成功。另外，郑成功坚持抗清，也符合日本人敌视中国的需要，所以他们认为郑成功是日本人的民族英雄。

50. 彭祖真的活了八百多岁吗

相传彭祖生于彭山，长于彭山，晚年终老于彭山。彭山一带有一种很独特的“小花甲计岁法”，这种计岁法源于“六十甲子日”，即以六十天为一岁，按照这种方法计算，彭祖实际的寿命大概为一百四十多岁，即使如此，在医学条件极度落后的古代，彭祖也算是高寿了。

第四章　答案

1. 三十六计之守城军“乌龟流”的破解之道

答案：A. “打草惊蛇”是用“打”来试探，以达到惊扰、试探的目的。在计谋的运用上，“打草惊蛇”的目的是试探对方的火力点、隐蔽处，并惊扰对方，使之仓惶转移，或避免本方出现重大损失或者失误。

2. 三十六计之石勒定计灭王浚

答案：B. “欲擒故纵”是故意先放开他，或者顺着他心意，使他放松戒备，充分暴露，然后再把他捉住。

3. 三十六计之信不信由你

答案：C. “瞒天过海”中的“瞒”即隐瞒，“天”即天子。原意是说瞒着皇帝，让他平稳过海，后来指故意一而再、再而三地用伪装的手段迷惑、欺骗对方，并将秘计隐藏在暴露的事物之中，巧妙地利用人们司空见惯的错觉，使对方放松戒备，然后突然行动，从而达到自己想要的目的。

4. 三十六计之是你干的

答案：因为曹操利用祢衡的性格特征用了三十六计中的“借刀杀人”之计，想借刘表的“刀”杀掉祢衡，但没有成功。同样，刘表为了不背负杀贤的罪名，便借了黄祖的刀杀了祢衡。

5. 三十六计之攻城不血刃

答案：公孙鞅使用的是“笑里藏刀”之计，原意是指那种“脸上笑呵呵，手里捅刀子”的做法。在军事上，指的是以政治外交上的伪装手段，欺骗对方，使其麻痹大意，以此来掩盖己方的军事行动。这是一种表面和谐友好，实质上暗藏杀机的计略。

6. 三十六计之困守孤城

答案：D. “围魏救赵”是采用逆向思维的方式，在极端不利的情况下兵行险招，攻敌必救之所，看似舍近求远，缘木求鱼，实则是绕开问题的表象，从问题的本质上去解决问题，从而取得胜利。

7. 三十六计之稻草人疑兵

答案：B. “无中生有”指的是用假象迷惑、欺骗敌人，但又不完全是弄虚作假，而是要巧妙地把假转变为真，将虚转变为实，以各种假象掩盖真相，使敌人产生错觉，出其不意地打击敌人。

8. 三十六计之吴越争霸

答案：A. “趁火打劫”就是指利用时机，果断地打击对方。在军事上，趁火打劫是指：当敌方面临困难、麻烦时，我方就要抓住机会，狠狠地打击对方，从而制服对手。俗话说就是：“趁你病，要你命”。

9. 三十六计之以弱胜强

答案：D. “明修栈道，暗度陈仓”就是指同时进行真伪两个行动，表面上采取一个与敌无害的行动或让敌方觉得愚蠢的行动来麻痹敌人。暗地里施行一个可以严重打击敌人或扩张我方的行动。即指用明显的行动来迷惑对方，使敌人大意，放松戒备的策略，也比喻暗中进行活动。（有时也可将“暗度陈仓”单独使用）

10. 三十六计之智取卢江

答案：A. “调虎离山”就是指用人为的假象或者利益去诱惑敌人，使敌人离开对他有利的地方，己方趁机行事，以达到自己的目的。

11. 三十六计之楚国灭绞

答案：B. “抛砖引玉”就是指利用人贪小便宜的弱点，先给些蝇头小利，然后以此诱使对方露出破绽并趁机进攻，得到自己想要的结果。

12. 三十六计之淮阴侯之死

答案：A. “偷梁换柱”就是指用偷换的办法，暗中改换事物的本质和内容，用以假代真，以劣代优等手法欺骗或者迷惑敌人。

13. 三十六计之公孙瓒之死

答案：C. “关门捉贼”指的是一种围困并歼灭敌人，特别是小股敌人的计谋。即是说，对弱小或者数量较少的敌人，要设法去围困或者歼灭。

14. 三十六计之睢阳攻防战

答案：B. “擒贼先擒王”指的是在两军对战中，如果把敌人的主帅擒获，其余的兵马则不战自败。即是说，在解决事情上抓住关键，解决主要矛盾，其他的细节便可以迎刃而解。

15. 三十六计之契丹之乱

答案：A. “混水摸鱼”指的是在混浊的水中，在鱼晕头转向之时，乘机摸鱼，可以得到意外的好处。比喻乘混乱的时候从中捞取不正当的利益。此计用于军事，是指当敌人混乱无主时，乘机夺取胜利的谋略。

16. 三十六计之反败为胜

答案：A. “树上开花”指的是本来不开花的树木，却可以人为制造一些假花装饰上去，让不知情的人信以为真，达到以假乱真的效果。在军事上是指通过种种办法，制造假象来壮大自己的声势，以迷惑敌军，来达到己方的目的。

17. 三十六计之拼死一搏

答案：C. “借尸还魂”指的是迷信者认为，人死后可将灵魂附于他人尸体而复活。比喻已经消灭或没落的事物又以另一种形式出现。

18. 三十六计之淝水之战

答案：B. “顺手牵羊”指的是顺手把人家的羊牵走。比喻趁势将敌首捉住或乘机利用别人。现比喻乘机拿走别人的东西。在现实生活中也是常常用到的一计。

19．三十六计之分兵的艺术

答案：B．“上屋抽梯”指的是借给敌人一些方便（即我故意暴露出一些破绽），以诱导敌人深入我方，乘机切断敌人的后援和前应，最终陷敌人于死地。

20．三十六计之周亚夫平叛

答案：A．“釜底抽薪”指的是从锅底抽掉柴火。比喻从根本上解决问题。

21．三十六计之战略转移

答案：B．“金蝉脱壳”指的是蝉变为成虫时要脱去幼虫的壳。比喻用计脱逃，使对方不能及时发觉。

22．三十六计之安静的对峙

答案：C．“空城计”指的是虚实相间，兵无常势，水无常形。这是一种在劣势时，对敌人显示出更劣势的一面，让本来就很疑惑的敌人更加迷惑，这是一种虚者虚之，疑中生疑的心理战。

23．三十六计之分军制敌

答案：B．“以逸待劳”指的是自己要把握战场的主动权，通过引诱敌人，“调动”敌人等手段使敌人疲劳，然后抓准机会，克敌制胜。

24．三十六计之莎车国的覆灭

答案：D．“声东击西”指的是以假动作欺敌，掩护主力在第一时间击其要害，一举击溃敌人。

25．三十六计之赤壁前夕

答案：C．“反间计”指的是利用敌人派来的间谍为我服务，使敌内部自生矛盾，可以有效地保全自己，攻破敌人。

26．三十六计之武昭仪上位

答案：B．按照常理，人不会伤害自己，要是受到某种伤害，一定是某种自己无法抗争的力量导致的。“苦肉计”就是利用这样的常理，自己伤害自己，以蒙骗他人，从而达到预先设计好的目标。

27. 三十六计之霸主的成长历程

答案：B. “远交近攻”最初作为外交和军事策略，指的是与远方的国家结盟，与相邻的国家为敌。这样做既可以防止邻国肘腋之变，又使敌国两面受敌，无法与我方抗衡。

28. 三十六计之盟会惊变

答案：B. “反客为主”在日常生活中指的是，客人与主人位置倒置，客人的行为、举止俨然是主人，而主人反而成了客位。此计在军事战略方面，往往反映在同盟中，起主导地位的主盟者，反被颇费心思的从盟方所支配、戏弄，从而陷入从盟者所设计的圈套之中。

29. 三十六计之政变立国

答案：A. “美人计”指的是面对强大的敌人时，要使用“糖衣炮弹”，腐蚀敌人的思想意志，使其内部丧失战斗力，然后再利用敌人自身的严重弱点，己方顺势以对，使其自颓自损，己方一举取得胜利。

30. 三十六计之伐灭二国

答案：这是三十六计中“假道伐虢”的原型战例。假道伐虢用于军事上，其意在于先利用甲做跳板，去消灭乙，达到目的后，回过头来连甲一起消灭，或者借口向对方借道为名，行消灭对方之实。

31. 三十六计之憋屈的战斗

答案：C. “连环计”是将数个计略一个接一个地连起来施行，环环相扣的计策，若其中一计失败，可能会影响到整套计划，甚至会使整套计划全盘以失败告终。

32. 三十六计之东吴的覆灭

答案：D. “隔岸观火”指的是根据敌方正在发展着的矛盾冲突，采取静观其变的态度。当敌方矛盾突出，相互倾轧越来越暴露出来的时候，可不急于去“趁火打劫”（操之过急常会促使处于矛盾状态中的敌人达成暂时的联合，而增强他们的还击力量）。故意让开一步，坐待敌方矛盾继续向对抗性发展，以致出现自相残杀的动机，就会达到削弱敌人，壮大自己的目的。

33．三十六计之晋文公的反击

答案：A．“走为上计”指的是战争中看到形势对自己极为不利时就逃走。现多用于做事时，如果形势不利或者没有成功的希望时，就选择退却、逃避的态度。

34．三十六计之孙膑与庞涓

答案：D．“假痴不癫”指的是一种表面痴呆、暗里充满智慧的伪装现象，能起到迷惑对方、缓兵待机、后发制于人的计谋。它利用于政治谋略，也就是韬晦之计，在形势不利于自己的情况下，表面上装疯卖傻、碌碌无为，以达到掩盖自己、迷惑对方，最终摆脱困境、实现自己的政治目标。

35．三十六计之孙权的抉择

答案：A．“指桑骂槐”指的是指着桑树骂槐树。比喻表面上骂这个人，实际上是骂那个人。此计用在军事上，与作战指挥者用“杀鸡吓猴、敲山震虎”等暗示的手段来慑服部下、树立领导威严类似。

36．三十六计之一个惊喜

答案：D．“李代桃僵”指的是用李树代替桃树而死，原比喻兄弟互相爱护互相帮助，后转用来比喻互相顶替或代人受过。此计用在军事上，指在敌我双方势均力敌，或者敌优我劣的情况下，用小的代价，换取大的胜利的谋略。

第五章　答案

1．传唱千年的爱情

答案：B．南园遗爱，故剑情深。

2．欧阳修的神奇际遇

答案：C．朱衣点头。

3．爱发牢骚的孟浩然

答案：B．不才明主弃，多病故人疏。

4．赵高的礼物

答案：B．指鹿为马。

5．素质教育才是硬道理

答案：D．半部《论语》治天下。

6．将军一去，大树飘零

答案：C．大树将军。

7．早知今日，悔不当初

答案：A．东门逐兔。

8．有胆有识的班超

答案：D．不入虎穴，焉得虎子。

9．人才济济的班氏家族

答案：D．东观续史。

10．爱护动物也有错吗

答案：D．爱鹤失众。

11．死了也不得安生

答案：C．东窗事发。

12．苏秦的“罪过”

答案：B．前倨后卑（也作“前倨后恭”）。

13．大人小孩谁聪明

答案：D．小时了了，大未必佳。

14．侯门深似海

答案：D．“萧郎”原指梁武帝萧衍，他是南朝梁的建立者，风流多才，在历史上很有名气。唐人多以“萧郎”指代女子所爱恋的男子。

15．项羽沐猴而冠

答案：C．背水一战。

16．皇帝的特殊赏赐

答案：D．量体裁衣。

17．叉手铁龙

答案：D．库房门上的锁。

18．“大贪”都自“小贪”始

答案：B．绳锯木断，水滴石穿。

19．闻香识女婿

答案：C．偷香。

20．曹利用不辱使命

答案：B．澶渊之盟。

21．欧阳修和苏轼的师生情

答案：D．出人头地。

22．后宫也有军训

答案：A．三令五申。

23．暴君也有“好运气”

答案：C．官逼民反。

24．四知太守

答案：B．天知、地知、你知、我知。

25．脑残皇帝欢乐多

答案：B．乐不思蜀。

26．曹操与孙权的隔江对阵

答案：D．生子当如孙仲谋。

27．割地求和几时休

答案：B．抱薪救火。

28．米芾大战蝗虫

答案：A．米癫。

29．“贼光”闪闪的收藏家

答案：D．巧取豪夺。

30．士人那点儿脾气

答案：C．虚左以待。

31．殷浩的哑谜

答案：A．咄咄怪事。

32．是真名士自风流

答案：B．李白：醉看风落帽，舞爱有留人。

33．一次醉酒执法引发的惨案

答案：D．千秋邈矣独留我，百战归来再读书。

34．“百行缺‘德’”的许允

答案：B．孔子。

35．不靠谱皇帝之“其实我是一个演员”

答案：C．李天下。

36．勇闯金营擒叛徒

答案：C．壮岁旌旗拥万夫，锦襜突骑渡江初。

37．生死承诺

答案：C．季札挂剑。

38．卖油翁也是“扫地僧”

答案：A．熟能生巧。

39．偏心的母亲

答案：D．多行不义必自毙。

40．被谁俘虏不是俘虏

答案：C．上下其手。

41．良言难劝该死鬼

答案：B．安如泰山。

42．朝中有人好做官

答案：C．沆瀣一气。

43．识时务者为俊杰

答案：B．异军突起。

44．三国，不止一个诸葛亮

答案：A．兵贵神速。

45．淝水之战时的那些事儿

答案：D．一意孤行。

46．怎么可以嘲笑胖子

答案：C．大腹便便。

47．公鸡中的战斗鸡是如何养成的

答案：D．呆若木鸡。

48．有用的人才一个就足够

答案：B．主动请缨。

49．春秋时期的一场“无间道”

答案：D．兄弟齐心，其利断金。

50．爱记仇的马夫

答案：B．各自为政。

第六章　答案

1．四大发明之火药

答案：C．唐朝末年。

2．名家作名句

答案：A．李清照。

3．都是美女惹的祸

答案：B．褒姒。

4．巾帼不让须眉

答案：C．妇好。

5．《史记》中记载的女人

答案：A．吕雉。

6．狂草名家

答案：C．蔡京

7．明朝大人物

B．袁承志。

8．罗成的原型是谁

答案：D．罗士信。

9．少年汉武帝

答案：D．十六岁。

10．古代的学费

答案：A．束脩（束脩即十条干肉）。

11．世界上最早的纸币

答案：B．北宋。

12．中医诊病攻略

答案：B．扁鹊。

13．皇帝之下有高官

答案：B．丞相。

14．明朝皇帝那些事儿

答案：D．万历帝朱翊钧。

15．运河开凿史

答案：B．胥溪运河、京杭运河。

16．古代好基友

答案：A．《战国策》。

17．姓氏有说道

答案：D．爵号。

18．天完政权

答案：C．陈友谅。

19．帝王谥号是怎么回事

答案：A．汉武帝。

20．宋朝最后一个皇帝

答案：A．陆秀夫。

21．孔子著作知多少

答案：B．《论语》（《论语》一书是由他的弟子编纂的）。

22．解读《三字经》

答案：D．倭寇与沿海奸商勾结，倭患愈演愈烈（“寇”是指李自成等领导的农民起义军）。

23．古人要避讳

答案：A．汉初改“相邦”为“相国”（避讳刘邦的名字）。

24．皇帝也要拜月亮

答案：A．先秦时期。

25．“金榜题名”是何时

答案：A．隋朝。

26．重阳节寓意深

答案：C．祝愿健康长寿。

27．砸缸的司马光

答案：D．《竹书纪年》。

28．死于变法的变法家

答案：A．商鞅。

29．“忧愤”之情

答案：A．屈原。

30．驰名古今中外的水利工程

答案：C．都江堰。

31．死于“破釜沉舟”的人

答案：A．苏角。

32．“三藩之乱”都有谁

答案：D．定南王孔有德。

33．唐代科技成果

答案：D．火箭的使用。

34．御敌要塞为防谁

答案：D．倭寇。

35．天下大势分久必合

答案：B．①②④。

36．与西王母有个约会

答案：C．周穆王姬满。

37．乱世枭雄称谓多

答案：D．曹小蛮。

38．科举选人才

答案：C．隋文帝杨坚。

39. “临朝称制”的女人

答案：A. 芈八子。

40. 亡国之君的待遇

答案：B. 违命侯。

41. 中国人写的外国史书

答案：B. 《大唐西域记》。

42. “假名”源自中国字

答案：C. 草书。

43. “百日维新”真有一百日吗

答案：C. 103天。

44. 神医扁鹊有真名

答案：A. 秦越人。

45. 中国版图史

答案：C. 元朝。

46. 舶来品自古有之

答案：C. 明朝。

47. 古典佳人要求高

答案：C. 《女论语》。

48. “破釜沉舟”之战

答案：D. 巨鹿之战。

49．毛笔的发明者

答案：D．蒙恬。

50．钱的单位不全是“元”

答案：D．一千枚铜钱。

51．器物名称古今变化

答案：B．秤砣。

52．追寻《桃花源记》

答案：C．东晋南朝。

53．“草木”也是兵

答案：A．淝水之战。

54．另类兵家名人

答案：B．赵奢。

55．软禁皇帝的大臣

答案：B．侯景。

56．话说三国

答案：C．赤壁之战。

57．兵家著作

答案：C．《孙子兵法》。

58．宋太祖政变

答案：A．陈桥兵变。

59. 讨伐高丽

答案：B. 三次。

60. 元宋王朝交替

答案：C. 宋恭帝赵㬎。

61. 郑克臧之死

答案：A. 冯锡范。

62. 唐朝公主

答案：D. 弘化公主。

63. 元朝人民的等级划分

答案：A. 色目人。

64. 荒唐皇帝

答案：A. 猪王。

65. 儿皇帝

答案：B. 石敬瑭。

66. 不愿封侯的大将

答案：C. 戚继光。

67. 《史记》是谁出版的

答案：A. 杨恽。

68. 北洋三杰

答案：A. 龙、虎、豹。

69．历史上的名女人

答案：D．蔡琰。

70．记载神话的书

答案：A．《山海经》。

71．策划靖难之役是兼职

答案：A．和尚。

72．北宋皇帝知几人

答案：B．9个。

73．三国话曹操

答案：C．潼关之战。

74．最早的货币

答案：A．海贝。

75．“三宝”都有哪三宝

答案：D．佛、法、僧。

76．豪迈宋词

答案：B．岳飞。

77．名曲动知音

答案：D．《高山流水》。

78．《红楼梦》的别名

答案：B．《石头记》。

79.《桃花源记》典故多

答案：D. 朝三暮四。

80. 岳飞身死之地

答案：B. 风波亭。

81. 元朝开国皇帝

答案：C. 忽必烈。

82. 书法家之死

答案：B．李希烈。

83. “百日皇帝”李自成

答案：A. 均田免粮。

84. 文字变化多

答案：C. 古时铸在青铜鼎上的文字，也叫铭文、钟鼎文。

85. 郑和下西洋

答案：D. 7。

86. 著名陶器唐三彩

答案：D. 是唐代非常流行的陪葬品。

87. 功臣也要排名次

答案：A. 秦琼。

88. 和氏璧的发现者

答案：B. 卞和。

89. **歌谣也有历史**

答案：C. 太平天国农民运动。

90. **神秘男主角**

答案：A. 管仲。

91. **《宋史》的修订者**

答案：A. 脱脱。

92. **王昭君嫁给了谁**

答案：C. 呼韩邪单于。

93. **甘薯种植专家**

答案：C. 徐光启。

94. **贫穷之时的心愿**

答案：C. 光武帝刘秀。

95. **豆腐出现于何时**

答案：B. 西汉。

96. **唐高祖母亲的姓氏**

答案：A. 独孤。

97. **成语来源**

答案：B. 祖逖。

98. **到底是谁写的歌词**

答案：A. 苏轼。

99. 这是古代的哪位暴君

答案：B. 商纣王。

100. 影响中国历史的思想家

答案：C. 董仲舒。

101. 战国战争之最

答案：C. 长平之战。

102. 古老的西藏

答案：D. 元朝。

103. 《汉书》的原型

答案：B. 《史记》。

104. 中国最早的字典

答案：D. 《说文解字》。

105. 屈原的国籍

答案：B. 楚国。

106. 谁为陈阿娇写《长门赋》

答案：B. 司马相如。

107. 做皇帝不容易

答案：D. 溥仪。

108. 救了秦始皇一命的人

答案：A. 夏无且。

109. 官方史书之最

答案：A. 《尚书》。

110. 古代图书分类

答案：C. 子部。

第七章　答案

1．穿越为王

答案：此宅男穿越后成为了明代宗景皇帝朱祁钰，是明朝的第七位皇帝。朱祁钰登基后，遥尊明英宗为太上皇，次年改元景泰，因此他又称景泰帝。景泰八年正月，夺门之变，明英宗复位，改元天顺。二月，废景泰帝为郕王，软禁于西苑。郕王薨，享年三十，谥曰戾，葬于北京金山口，明朝藩王墓地。他是明代迁都北京之后，唯一一位没有葬于明十三陵的皇帝。此宅男穿越过来的时间，正好就是夺门之变发生的时间。

2．诛十族

答案：方孝孺。方孝孺刚直不阿，因拒绝为发动"靖难之役"的燕王朱棣草拟即位诏书，成为中国历史上唯一被"诛十族"的人，牵连其亲友870余人。

3．英雄

答案：史可法。他是明末南京兵部尚书、东阁大学士，时称"史阁部"，抗清英雄。他因为抗清被俘，不屈而死。

4．倒霉将军

答案：石达开。他是太平天国名将，1863年5月，太平军到达大渡河，石达开下令次日渡河，但当晚天降大雨，河水暴涨，太平军为此所阻。三日后，清军始赶到布防，太平军多次抢渡不成，粮草用尽，陷入绝境。石达开为保全三军，与清军谈判：由太平军自行遣散四千人，这些人大多得以逃生。剩余两千人保留武器，随他进入清营，石达开被押往成都后，清军背信弃义，两千将士全部战死。

5．牧羊人

答案：苏武。他是中国西汉大臣，天汉元年（公元前100年）奉命以中郎将持节出使匈奴，被扣留。匈奴贵族多次劝降不果，遂将他迁到北海（今贝加尔湖）边牧羊，并对他说："公羊生子方可释放他回国。"苏武于北海放羊十九年，终得以获释回汉。苏武去世后，汉宣帝将其列为麒麟阁十一功臣之一，彰显其节操。

6．银币上的自己

答案：因为他穿越后居然变成了袁世凯。袁世凯复辟帝制，只当了83天的皇帝。

7．何弃疗

答案：因为他穿越后居然变成了讳疾忌医的蔡桓公（即战国时期的齐桓公田午，为与春秋时期的齐桓公姜小白区分开，因此称蔡桓公）。神医扁鹊来诊断后，一言不发地离开，不久之后蔡桓公就病死了。

8．一分钟结束穿越

答案：他穿越后居然变成了曹无伤。曹无伤是汉高帝刘邦手下的一名将领，官至左司马，是导致鸿门宴事件发生的人物之一，也因此被刘邦处死。

9．皇后梦

答案：沙晓妍穿越后变成了汉武帝的皇后卫子夫。她穿越过来的时间，恰巧是卫子夫母子遭江充陷害而深陷"巫蛊之祸"的时候。

10．死得憋屈

答案：杨鹏穿越后变成了金海陵王完颜亮。1161年9月，完颜亮在南宋境内的瓜洲渡江作战时，军队哗变，死于内乱，时年四十岁。

11．恰逢其会

答案：李明穿越后成了夏侯渊，张鲁降曹操后夏侯渊留守汉中，与刘备相拒逾年，于定军山被刘备部将黄忠所袭，战死，谥曰愍侯。

12．金牌得主

答案：小霍梦见自己变成了著名的抗金英雄岳飞。1140年，完颜宗弼毁盟攻宋，岳飞挥师北伐，大败金军，进军朱仙镇。宋高宗、秦桧却一意求和，以十二道金牌下令退兵，岳飞在孤立无援之下被迫班师。在宋金议和过程中，岳飞遭受秦桧、张俊等人的诬陷，被诬“谋反”，之后他与长子岳云和部将张宪同被杀害。宋孝宗时岳飞冤狱被平反，追谥武穆，后又追谥忠武，追封鄂王。

13．被冤枉了

答案：小李穿越后变成了著名将领袁崇焕。袁崇焕于崇祯二年击退皇太极，解了京都之围。此后，魏忠贤余党以“与清廷议和”、“擅杀岛帅”、“市米资敌”等罪名弹劾袁崇焕。与此同时，皇太极又趁机实施反间计，袁崇焕最终被皇帝朱由检以通敌叛国罪处以磔刑。

14．我是皇帝

答案：王二小穿越后变成了袁术，正巧此时袁术刚刚称帝不久。袁术，字公路，袁绍从弟。初为虎贲中郎将，后与袁绍、曹操等同时起兵，共讨董卓。董卓死后，他又与袁绍对立，被袁绍、曹操击败，率余众奔九江，割据扬州。建安二年（公元197年）称帝，建号仲家。他贪图享乐，骄奢淫逸，不理民生，导致部众离心，先后为吕布、曹操所破，于建安四年呕血而死。

15．我要做美女

答案：林无敌穿越后变成了唐代第一美女杨玉环。天宝十四年（公元755年），范阳、平卢、河东三镇节度使安禄山以清君侧，反杨国忠为名起兵叛乱，兵锋直指长安。次年，即天宝十五年（公元756年）六月十四日，杨玉环随李隆基流亡蜀中，途经马嵬驿，以陈玄礼为首的随驾禁军哗变，乱刀杀死了杨国忠，时年37岁的杨贵妃被缢死，香消玉殒。

16．无奈一笑

答案：张小花穿越后变成了褒姒。文中所叙述的正是“周幽王烽火戏诸侯”。

17．美味当前

答案：王磊穿越成了周文王姬昌。有一种说法是，周文王被纣王囚禁后，伯邑考在殷商做人质，为纣王驾车。纣王却烹杀了伯邑考，并将他做成了肉羹赐给周文王。

18．犟的后果

答案：李雷穿越后附身在了帝辛（即纣王）的叔父比干身上。商纣王对比干怒道："吾闻圣人心有七窍信有诸乎？"之后，便杀了比干，并剖视其心。比干死时64岁。

19．"美好"的愿望

答案：此腐女的婴儿身份是程婴的亲生儿子。程婴就是"赵氏孤儿"中的程婴，晋景公三年(前597年)，赵氏家族遭难，程婴为保赵氏血脉，将自己的儿子交给公孙杵臼。在这之后，程婴的儿子与公孙杵臼一起被杀。

20．英雄之姬

答案：按照历史的进程，张婷应该挥剑自刎，因为她此刻的身份是西楚霸王的宠姬——虞姬。此时正赶上项羽被汉军围困垓下（今安徽固镇东北，沱河南岸）之时。

21．无期徒刑

答案：陈赫穿越后附身成为了鳌拜。鳌拜有"满洲第一勇士"之称，康熙继位后为辅政大臣之一，后来便走上专权的道路。康熙亲政后，定下计策，在武英殿擒拿鳌拜。鳌拜被生擒之后，康熙念其有功，又无谋朝篡位之心，便将其囚禁，以致其老死于囚牢中。

22．眼神儿不好

答案：因为大龙穿越后，成为了春秋时期著名的魏国将领庞涓。大龙穿越后正逢马陵之战。此战中，庞涓只带着一部分轻骑，昼夜兼程追赶齐军至马陵，见剥皮的树干上有字，却看不清楚，便叫人点起火把照明，还没等庞涓把字读完，就遭到齐军强烈的弩箭攻击，由于事出突然，导致魏军大败。庞涓智穷力竭，眼见败局已定，无力回天，于是愤愧自杀。

23．短命鬼

答案：因为小海穿越成了汉质帝刘缵。刘缵于公元145年即位，在位时间不到1年，便被梁冀毒死，谥号孝质皇帝，葬在静陵。

24．一个小兵

答案：李小明见证的历史大事件即为"玄武门之变"。此事变中，秦王李世民射杀太子李建成，其手下大将尉迟恭射杀其弟李元吉。玄武门之变后，李渊退位，称太上皇，禅位于儿子李世民。

25．渡海

答案：因为这小厮穿越成了“初唐四杰”之一的王勃。王勃的父亲王福畤因儿子犯罪而受牵连，被贬为交趾县令。王勃远行到交趾去看望父亲，途中渡海时溺水受惊而亡。

26．笑话他的不是我

答案：这个屌丝女穿越后变成了平原君的一个美妾。这个美妾因笑话平原君的一个门客腿瘸，将其惹怒。这位门客便向平原君告状，并要求要美妾的人头。平原君最终为了向这位门客谢罪，便将这位美妾杀了。

27．两次自杀

答案：因为大明第一次自杀后穿越成了公子扶苏，秦始皇第五次出巡时，病死沙丘，赵高、李斯等人伪造诏书，命扶苏自杀。扶苏不听将军蒙恬的劝阻，依诏书所言自杀了。

28．天下第一

答案：因为石大春一阵恍惚后穿越到了吕布身上。此时正赶上吕布下邳兵败，被曹操所擒，之后殒命白门楼。

29．太子的“华丽”变身

答案：萧克穿越到了宋徽宗赵佶的身上。此时正值靖康之变，北宋灭亡之际。亡国后，宋徽宗被金国俘虏，最终受尽折磨而死。

30．眼前鸣镝如雨下

答案：因为张扬穿越到了秦二世时期的匈奴部落头领——头曼单于的身上，头曼单于在一次狩猎中，被他的儿子冒顿杀害。

31．貌似哪里不对

答案：杨梓穿越到了唐朝太子李建成的身上，而且正是在发生“玄武门之变”的时候，常何本是李建成的亲信，却被李世民策反，喊大哥的那个人是他的三弟李元吉。

32．美食的诱惑

答案：因为宅男穿越到了吴王僚的身上，此时所发生的事正是历史上著名的“专诸刺王僚”。

33．另类的“美食”

答案：因为李明穿越到了越王勾践的身上，正赶上勾践兵败，身处吴国充当人质，而李明所穿越到的时间点，正是勾践为吴王尝粪断病之时。

34．“火炬手”

答案：王猛穿越到了商纣王帝辛的身上。周武王起兵攻打商朝，一路之上势如破竹，直击朝歌。纣王帝辛见商朝大势已去，便穿上他缀有宝玉的衣服，独自登上鹿台，投火自焚而死，商朝也随之灭亡。

35．变成婴儿了

答案：韩优优穿越到了秦朝嫪毐的儿子身上，嫪毐之乱后，嫪毐被车裂，并诛三族，他的儿子更是被嬴政装入麻袋后活活打死。

36．绝响

答案：因为这个宅男穿越到了三国时期著名的文学家、思想家、音乐家嵇康的身上。嵇康因得罪钟会，为其构陷，而被司马昭处死，临行刑前，嵇康在刑场上抚了一曲《广陵散》。

37．你真好看

答案：龙套男穿越到了中国古代四大美男之一的卫玠身上。这便是“看杀卫玠”的典故。

38．吴大宝的悲剧

答案：因为吴大宝穿越后变成了春秋战国时期著名的法家人物商鞅。秦孝公去世后，太子驷即位，即秦惠王。商鞅被诬蔑“欲反”，秦惠王下令逮捕他。于是，商鞅开始逃亡，几经辗转，最后逃回自己的封邑商，不得已之下，发动邑兵攻打郑县（今陕西省华县），结果兵败身亡。商鞅死后，秦惠王下令将其尸身带回咸阳，处以车裂后示众，并诛灭商鞅全族。商鞅虽然被害，好在新法并未被废除，以使秦国日益强大。

39．舞女给的启迪

答案：因为刘强穿越到了"草圣"张旭的身上。张旭受到唐朝第一舞女公孙大娘舞剑的启迪，从而获得了书法的变化意蕴。

40．"好吃"的蜜枣

答案：大头穿越成了曹魏时期的任城王曹彰。曹彰因为被魏文帝曹操所忌讳，在下棋时吃了被投毒的蜜枣死了。

41．身居高位

答案：周飞穿越到了汉哀帝刘欣的宠臣董贤身上。成语典故断袖之癖的两个主人公就是汉哀帝刘欣和大司马董贤。

42．韩信来了

答案：李默穿越到了汉高帝刘邦的大臣郦食其身上，郦食其凭三寸不烂之舌便取得了齐国七十余座城池，韩信心中很不服气，就带兵乘夜越过平原偷袭齐国。齐王要求他去游说韩信退兵，但被他严词拒绝，齐王大怒之下将其烹杀。

43．丑女大变身

答案：丑女穿越到了汉武帝的老婆钩弋夫人赵氏的身上，钩弋夫人就是汉昭帝刘弗陵的生母。汉武帝为防患女主乱政，立子杀母。

44．有钱人

答案：邱实穿越到了清朝最著名的贪官和珅的身上。嘉庆四年（公元1799年），太上皇乾隆帝驾崩，不久后和珅便被嘉庆帝赐死，并下旨抄家。

45．进士也看兵法

答案：李成穿越到了清太祖努尔哈赤的身上。据说努尔哈赤此战中，被袁崇焕的炮火所伤，最终郁愤而死。还有一种说法说努尔哈赤死于毒疽，最终不治身亡。

46．骑白马的军师

答案：李强穿越到了凤雏庞统的身上。公元214年刘备包围雒城（现今的德阳广汉一带），庞统率军攻城，身中流矢而亡。庞统死后，所葬之处被命名为落凤坡。

47．老光棍的惊骇

答案：老光棍穿越到了明朝，成为第一个专权乱政的宦官王振，明朝的土木堡战役时被全家抄斩。

48．惨烈

答案：安史之乱时，张巡退守睢阳，久守之下，城内粮草早已用尽，无奈之下张巡首先杀死自己的爱妾，并命令士兵将其吃下。吃完主帅的家人后，他们便开始吃城中的妇孺老弱。睢阳城中战前有户口四万，至城破仅剩四百活人。战况十分惨烈啊！

49．猪一样的队友

答案：王明穿越到了秦朝刺客秦舞阳的身上，接下来就是“图穷匕见”，荆轲刺秦的故事了。荆轲刺秦失败，当场身亡，虽然没有交代秦舞阳的结局，但是想必他也是身亡的下场。

50．悲剧的登基大典

答案：李成穿越到了金哀宗完颜守绪的身上，不久后金朝国破，金哀宗自缢而亡，终年37岁。

51．皇妃也悲剧

答案：李嫣穿越到了阿巴亥的身上，阿巴亥是清太祖大妃孝烈武皇后。清太祖爱新觉罗·努尔哈赤驾崩后，要求阿巴亥殉葬。

52．不能随便迟到

答案：刘理穿越到了春秋时期的齐国大夫庄贾的身上。春秋时期，晋、燕两国犯境齐国领地，齐景公派庄贾协助穰苴统兵。穰苴和庄贾约定第二日正午在军营门口会合，然后入营整军，但第二天庄贾迟到了很久。结果，被穰苴就地正法，斩首示众。

53．祸起萧墙

答案：李明穿越到了秦末农民起义军首领陈胜的身上。秦二世元年（公元前209年），陈胜亲率农民军将士与秦军展开激战落败，在退守下城父（今安徽涡阳东南）时，被跟随自己数月的车夫庄贾杀害，成为千古遗恨。

54．悲惨的催人泪下

答案：韩铁穿越到了中华民国第五任大总统曹锟的身上，他身边躺着的男人是曹锟的男宠李彦青。第二次直奉战争中，曹锟在北京政变中被赶下台，并囚禁于中南海。

55．下岛一叙

答案：丁强穿越到了明朝末期的将领毛文龙身上。毛文龙为人骄恣，又过分索要军饷，得罪了不少人，最后在达双岛被袁崇焕矫诏所斩。

56．冬天渡河不披甲

答案：赵挺穿越到了明朝末期的将领杜松身上。万历四十七年（公元1619年），杜松急于立功，踏雪冒进，四月十四日在苏子河汇入浑河附近渡河。至萨尔浒（今辽宁抚顺东浑河南岸）遇伏，吉林崖下杜松被努尔哈赤之子贝勒赖慕布射杀，明军大乱，全军覆没。

57．开往西天的列车

答案：李林穿越到了“东北王”张作霖的身上。1928年因前线战事不利，张作霖被迫返回东北。在返回途中，张作霖乘火车被日本关东军预埋的炸药炸成重伤，史称皇姑屯事件，当日送回沈阳官邸后即逝世。

58．穿越只为打猎

答案：王衡穿越到了三国时期割据一方的诸侯“小霸王”孙策的身上。孙策曾杀死吴郡太守许贡，许贡死后，其门客潜藏在民间，寻机为他报仇，终于在孙策打猎时找到机会，将其杀死。

59．刚过完生日

答案：李雷穿越到了南北朝时期陈朝官员韩子高身上，他也是中国古代十大美男子之一。在韩子高二十九岁那年，因谋反被人告发而被赐死。

60．保镖不好当

答案：杨松穿越到了三国时期，曹操麾下的猛将典韦身上。建安二年（公元197年），张绣背叛曹操，典韦为保护曹操而独挡叛军，击杀多人，但最终因寡不敌众而战死。

61．一秒钟变皇帝

答案：唐源穿越到了魏元帝曹奂的身上。咸熙二年（公元265年），司马炎继任晋王之位，篡夺魏国政权，魏国灭亡，曹奂被降封为陈留王。太安元年（公元302年），曹奂逝世，享年58岁，谥号为元皇帝。

62．悲催的“宫穿”粉丝

答案：韩梅梅穿越到了殷商时期商纣王的姜皇后身边的宫女身上，商纣王听信妲己之言，以为这个宫女要谋害自己，将其处以蛋盆之刑。

63．受禅惊变

答案：李明穿越到了献帝时权臣董卓的身上。讨董卓联合军在董卓迁都长安不久后瓦解，然后，董卓就被其亲信吕布所杀。

64．穿越不该弹琴

答案：李丹穿越成了给燕太子丹与荆轲弹琴的某个美女，随后双手被太子丹砍下，献给荆轲。

65．我是被逼的

答案：张大明穿越到了隋炀帝杨广的身上。大业十四年（公元618年），宇文化及发动政变，隋炀帝被逼上吊。

66. 五行多水

答案：陈松穿越到了汉王陈友谅的身上，陈友谅在鄱阳湖之战中被朱元璋打败，并最终战死沙场。

67. 他不是死了吗

答案：王可穿越到了著名抗清英雄夏完淳的身上。夏完淳被明军降将洪承畴抓住，被问斩于南京西市。

68. 不能乱诉苦

答案：小霍穿越到了汉朝开国名将彭越的身上。彭越因被诬谋反而被流放，途中遇到吕后，对其诉苦，结果被吕后带回洛阳后，再次被诬蔑其谋反，最终被刘邦以“反形已具”的罪名诛杀三族，枭首示众。

69. 被迁怒的下场

答案：景阳穿越到了秦国名将白起的身上。白起被秦王强令出征邯郸，白起认为长平之战虽然胜利，但若此时出兵，必败无疑，便托病不去。最终秦昭王因一意孤行，连续战败多次，迁怒于白起，遂派使者赐剑命其自刎。

70. 没写谋反信

答案：杨明穿越到了秦朝丞相李斯的身上。李斯因劝谏秦二世停止修建阿房宫而触怒秦二世，被捕入狱。在狱中，李斯继续写信劝谏秦二世不要修阿房宫，信却被赵高扣留，并借此冤枉他与其子李由谋反，最终惨遭腰斩。

71. 高高兴兴上朝去

答案：王大宝穿越到了汉景帝的老师晁错身上。晁错曾谏言汉景帝“削藩”，却因此引发“七国之乱”。此后，汉景帝为了战略上的需要，把晁错当成挡箭牌，对其处以腰斩。

72. 小兵也是可怕的

答案：李成穿越到了北魏将领侯景的身上。梁武帝太清二年（公元548年）八月，侯景之乱爆发，公元551年侯景逼迫梁武帝禅位。第二年，侯景先后被王僧辩、陈霸先击败，侯景企图逃亡时，被部下所杀。

73．病得不是时候

答案：因为王朗穿越到了唐高宗李治的身上，弘道元年（公元683年），李治患病去世，享年五十六岁。

74．御苑之行

答案：伍兹穿越到了明朝崇祯皇帝朱由检的身上。朱由检在李自成攻占京城时，在景山的一棵歪脖子树上自缢身亡。

第八章 答案

1. 夕阳西下

答案：洛阳。

2. 黑人的孩子

答案：墨子。

3. 三八线两边

答案：南北朝。

4. 厉害的仆人

答案：匈奴。

5. 封山育林

答案：卫青。

6. 孔雀收屏

答案：关羽。

7. 只会打仗的皇帝

答案：光武帝。

8. 一颗白菜没有叶

答案：刘邦。

9．村落

答案：庄子。

10．山上的盐厂增产

答案：咸丰。

11．遇到神医妙手回春

答案：冯去疾。

12．顺其自然

答案：应天。

13．绝非男人

答案：女真。

14．捷报

答案：陈胜。

15．爷爷打冲锋

答案：祖冲之。

16．定期上工

答案：班固。

17．耶

答案：重耳。

18．苦孩子出来闹翻身

答案：辛亥革命。

19．红墙

答案：赤壁。

20．夏天穿着棉袄打仗的皇帝

答案：汉武帝。

21．嬴政缺钱

答案：秦琼。

22．无病鸡舍

答案：嵇康。

23．黄豆以德服人

答案：窦建德。

24．旭日东升

答案：徐光启。

25．强盗的法则

答案：寇準。

26．妻子占理

答案：夫差。

27．一星期换一次

答案：《周易》。

28．省吃俭用

答案：节度使。

29．全班成功考大学

答案：毕昇。

30．农牧副渔发展快

答案：林则徐。

31．万般皆下品

答案：尚书。

32．朝廷的澡堂子

答案：尉迟恭。

33．曹丕没烦恼

答案：魏无忌。

34．打算骑马搬家

答案：司马迁。

35．风调雨顺

答案：文天祥。

36．梅菜扣肉

答案：苏东坡。

37．诗仙惜光阴

答案：李时珍。

38．有好身体才能有好事业

答案：康有为。

39．蜂窝

答案：黄巢。

40．云开雾散，重见天日

答案：光复会。

41．明空

答案：武则天。

42．苦孩子出来闹翻身

答案：辛亥革命。

43．屋外很脏

答案：李靖。

44．睁眼远眺

答案：张辽。

45．猪肉圈

答案：朱桓。

46．宠物商店

答案：满宠。

47．优秀的坐骑

答案：马良。

48．斋面调料

答案：鲁肃。

49．凿壁偷光

答案：诸葛亮（孔明）。

50．多次做错事

答案：吕范。

51．唐太宗自传

答案：李白。

52．汉孰与我大

答案：夜郎国。

53．说尽心中无限事

答案：道光。

54．会诊

答案：同治。

55．比原来更牢固

答案：曾巩。

56．足球场的地面

答案：曹丕。

57．山东马戏团

答案：鲁班。

58．磨刀霍霍

答案：宰相。

59．巴士上的广告

答案：公车上书。

60．泰山腾空

答案：岳飞。

61．桃李花开日，梧桐叶落时

答案：《春秋》。

62．没带走闹钟

答案：刘表。

63．胜利毋忘苦

答案：成吉思汗。

64．比较便宜

答案：廉颇。

65．老子学问通古今

答案：李渊。

66．目不斜视

答案：张居正。

67．给爷爷出主意

答案：孙策。

68．说话有分量

答案：《论衡》。

69．为祖父代笔

答案：孙文（孙中山）。

70．不准放牛

答案：杜牧。

71．老大喜洋洋

答案：伯乐。

72．天不绝曹

答案：魏延。

73．忽然痊愈

答案：霍去病。

74．试金石

答案：鉴真。

75．和平年代的战争

答案：安史之乱。

76．天子重礼仪

答案：王崇伦。

77．父亲

答案：老子。

78．牛郎织女鹊桥断

答案：七七事变。

79．秋收暴动

答案：金田起义。

80．百年好合

答案：永和。

参考文献

[1] 司马迁. 史记 [M]. 王耀祖，仝晰纲，注译. 武汉：湖北辞书出版社，2007.

[2] 孙武. 孙子兵法 [M]. 古敏，主编. 北京：北京燕山出版社，2009.

[3] 傅乐成. 中国通史（上下册）[M]. 贵阳：贵州教育出版社，2010.